正法寺住職
愛知専門尼僧堂堂長
青山俊董

# さずかりの人生

欲の真ん中に
自分を置かない生き方

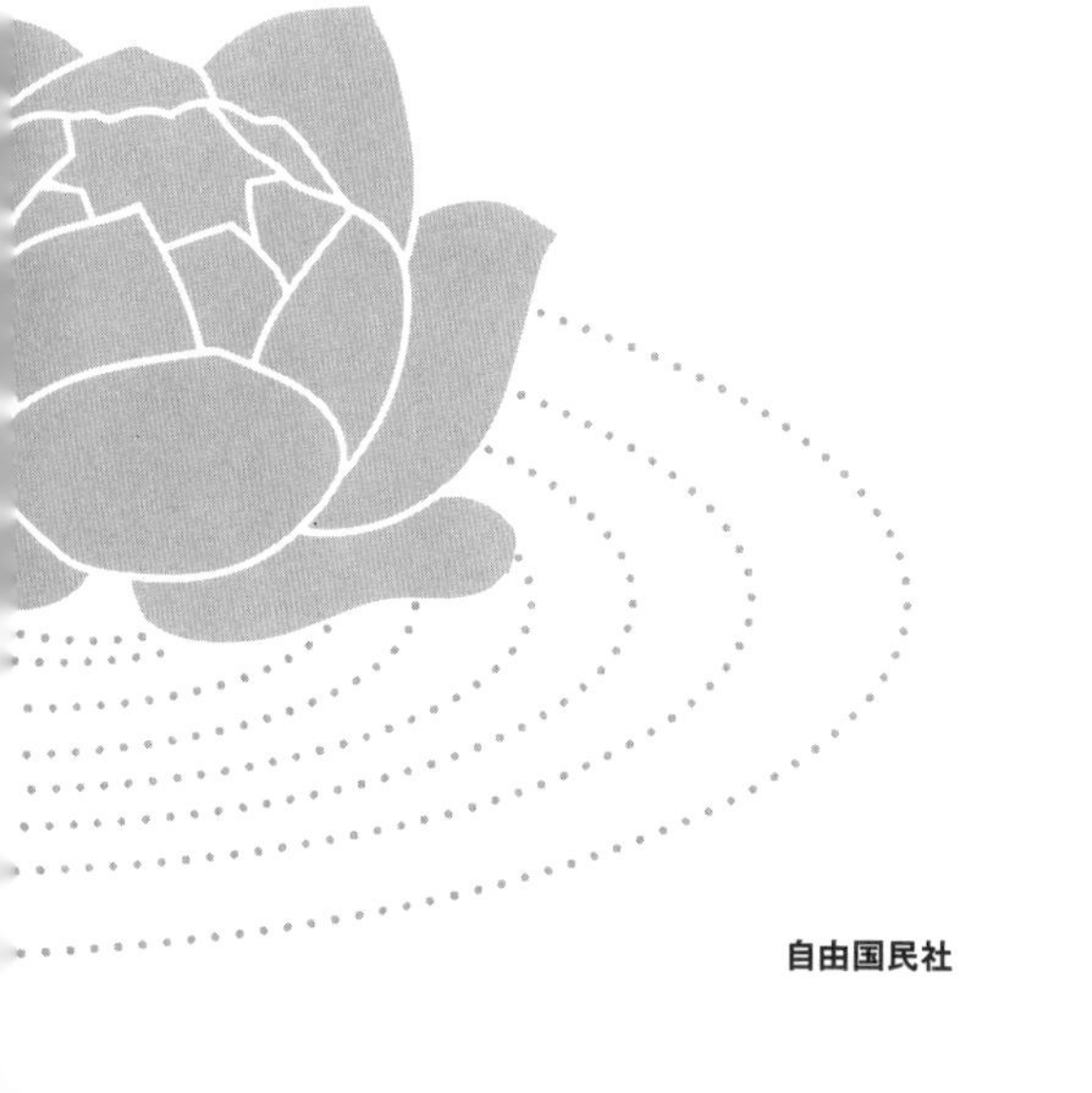

自由国民社

目次

# 1章 ともに生きる

客人をもてなす心……8
客の粗相は亭主の粗相なり……11
わかっていない自分に気づくまで……14
どちらかが水ならば……17
自然に随順して生きる……20
太陽はどこから出る？……23
人に教える立場に立つ人へ……26
人を育む土……29
命のいとなみがもたらす布施……32
心に留めたい七つの施し……35
太古から続く共存のハーモニー……38

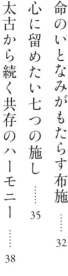

やさしくしっかり履むことで麦は育つ……41

# 2章 いつも心の中にいる仏の教え

一枚の紙に仏が宿る……46
手紙と本の話……49
欲の真ん中に私が無くなったとき……53
まじり気なしに打ちこむ……56
「いつ死んでもよい」という生き方……59
小さな人間のモノサシ……62
人間の分別以前の働き……65

「法執すらなし」の深さ……69
どんな最期であっても……72
掴むのではなく、捨てる坐禅……75
投げられたところで起きる小法師かな……78
本有種子《ほんぬしゅうじ》―意識以前の深い流れ……81
自分が今いる場所が道場である……84
宇宙的視野からかえりみる……87
どの一瞬もかけがえのない命の歩み……90
師のきびしさとあたたかさ……93
涼風の中に暑さあり……96
「むさぼり」と「へつらい」……99
今も生涯を支えてくれる師の言葉……102
心にかなうときも、かなわないときも……105
山に想う神の加護……109

青山に見る二つの大切な教え ……112

# 3章

# 困難に遭った時に思い出してほしいこと

一言の言葉がけが人を変える ……116
未来の扉 ……119
たった一度の人生を最高に生きる ……122
人間を駄目にするのは ……125
まがりつつ、まっすぐ ……128
一の字が教えてくれること ……131
同じことをするのでも ……135

ものから本当に自由になる……139
本当の大人とは……142
「やれるだけやる」が生む明日への力……145
ありがたいことだけが布施ではない……148
除夜の鐘の心……151
闇より光に赴く人……154
どれだけ生きたかよりも……157
風に吹かれる柳のように……160
意志をも固める楊枝の話……163
3000年にわたる柳の恵み……166
病が見せてくれた景色……169
ゆく先々を地獄にするか極楽にするか……173

# 1章 ともに生きる

# 客人をもてなす心

「風邪とお客さんは大事にすると早く帰る」

世の流行とは無縁の人生を送っている私であるが、インフルエンザという流行にだけは乗ってしまい、隔離状態で臥床《がしょう》している私の脳裏を、ふとこの言葉がよぎった。何十年も前に、余語翠巌《よごすいがん》老師が御提唱中におっしゃった一言である。

20代の若僧の頃、機関紙上での特集記事の取材のため、臨済宗の某尼僧道場を訪問した。立派な部屋の床の間に据えられ、80歳を過ぎる堂長さまが、部屋の敷居の外にピタッと座られ、額を畳につけて深々と御挨拶をされた。あわてて座布団をおり、一度頭を下げてあげたが、まだ堂長さまは下げたまま。あわてて又《また》額を下げた。それからは一度下げるとそのまま深呼吸をして、やおらあげるとちょ

うどよい、と挨拶の呼吸をおぼえた。

やがて殿さまにでも差し出すような高坏《たかつき》の菓子器に生菓子を盛り、点《た》てたお抹茶を天目台《てんもくだい》に乗せ、雲水がうやうやしく前に置き、更に丁寧な頭の下げ方をして部屋を出ていった。

一応は茶道も心得、弟子も持っている私であったが、あまりの丁寧さに居心地が悪く、取材もそこそこに暇乞《いとまご》いをしたことを、今も忘れない。

過日、雪の永平寺で数日にわたっての研修会を行った。一つの部屋に半世紀ほど前、永平寺の貫主《かんしゅ》であられた熊沢泰禅《たいぜん》禅師の書が掛けられており、当時のある逸話を思い出した。

その頃、曹洞宗の一方の本山である総持寺の貫主は渡辺玄宗《げんしゅう》禅師であった。どちらも名僧であり、しかもお2人は若き日共に修行された仲。ある時、渡辺禅師が永平寺に熊沢禅師をお訪ねすることになった。永平寺側は全山あげて、粗相のないようにと心を配り、お迎えの準備をととのえた。お花もそれぞれの場にふさわしいように活《い》けられたことは云《い》うまでもない。

最後、特に渡辺禅師の控室として用意された部屋に点検に来られた熊沢禅師は、あまりにみごとに、整然と活けられた花を見て、わざわざザックリとくずしてゆかれたよし。当日控室に入られた渡辺禅師の随行の方がくずれた花をみて不審に思っていると、すかさず案内に立たれた熊沢禅師の侍者の方が、わざわざくずして迎えられた熊沢禅師のお心を、つまり普段着で、わが家の居間にくつろぐ思いでお過ごしくださいのお心を花に托《たく》されたことを、そっと告げられたよし。

熊沢禅師の墨跡を拝見しながら、お２人のしばしの歓談に思いを馳せたことであった。


真に相手を想うとはどのようなことか、考えてみよう。

# 客の粗相は亭主の粗相なり

ある会合で、曽《か》って放送関係の仕事をしていたH氏がこんな話をしてくれた。

「京都の放送局に赴任していたころが一番たのしく、学ばせていただくことも沢《たく》山《さん》ありました。中でも忘れられないことは、お茶の家元のO家を訪ねたときのことです。初めにお抹茶を出してくださいました。私は無作法《ぶさほう》にもビールかワインを飲むように片手で持ちあげ、グッと飲みほしたのです。ところが家元御自身が間髪を入れず片手で抹茶碗《わん》を持って飲まれましてね。素人の私もさすがにハッと致しました。同時に私に恥をかかせまいとして、私と同じように召しあがった家元さんのお人柄にすっかりほれこんでしまいました」

400年の伝統を背負い、日本の茶道界を代表する家元が、さり気《げ》なく客にあわせて、ワインのグラスを持つように片手で持って召しあがる。よく存じあげている宗匠であっただけに、ひとしおの思いでH氏の話に耳をかたむけながら、エリザベス女王の逸話を思いおこし、H氏に語った。

「昔、エリザベス女王が、E国の国賓を招いた晩餐会《ばんさんかい》の折のこと。初めに手を洗う水を入れた器が出されたそうです。国賓は喉がかわいていたのでしょうか。その水を飲まれたそうです。並みいる人々が失笑しそうになったとき、女王御自身がすかさずその水をお飲みになられたので同席の人々もしぶしぶ飲んだというんですね。相手に恥をかかせてはならないという女王のやさしいお心づかいに頭が下がりますね」と。

「客の粗相は亭主の粗相なり。亭主の粗相は客の粗相と思ふべし。味はふべき事なり。客の心になりて亭主せよ。亭主の心になりて客いたせ。習にかかはり、道理にからまれ、かた苦しき茶人は、田舎茶の湯と笑ふなり」

これは江戸時代、松江の藩主であり、茶道の世界でも「不昧流《ふまい》」の祖といわれる、松平不昧公の言葉である。

客に恥をかかせるのは亭主の心がゆきとどかない証拠であり、又《また》亭主に恥をかかせるのは客の心の運びが足りない証拠だというのである。O家元のとられた姿は、まさにこの心を地でゆくものといってよいであろう。

無量寺では年に一度野良着茶会を催す。〝茶の作法は知らないが、たのしんでみたい〟と思われる方を招くのを目的とし、野良着のままでという気楽な茶会である。担当する弟子たちに私は繰り返し云《い》う。「相手に恥をかかせないように。飲み方を教えてくれとたのまれたときだけお教えするように」と。


相手に恥をかかせない、という気持ちを心に留めたい。

# わかっていない自分に気づくまで

「相手に恥をかかせないように」という私が、ある時、全く反対のことをした。

ある日、某放送局の「宗教の時間」の担当者が、出演依頼にやってきた。待たせてあった客間の襖《ふすま》を開け、畳の上に座り、手をついて挨拶《あいさつ》をした。東京から名古屋へ転勤してきたばかりという若い女性の担当者は、座布団の上に座ったままペコンと頭を下げた。私は思わず叱った。「座布団から下りて挨拶しなさい」と。

次にお抹茶が出された。名古屋というところは煎茶ほどに気軽にお抹茶が出る。お茶の作法を全く知らないらしく、お茶を一口飲み、菓子を一口食べ、又《また》茶を飲みというように、いわゆる煎茶の飲み方をするのを見て、又私は注意をした。

「お抹茶を頂くときはね、まずお菓子を頂き、それからお茶を頂く。お茶とお菓子を交互に頂くのはお煎茶の飲み方なのでね。愛知県というところは気軽にお抹茶が出ますからね。お抹茶の飲み方ぐらいはおぼえておいたほうがいいですよ」

京都の家元を訪問したH氏のように、自分の無作法《ぶさほう》に気づき、その無作法をとがめず、恥をかかせまいと心を使ってくださった家元のお人柄に感動することができれば、それは又人生の旅路の中の大きな収穫となる。

しかし自分が知っていないという自覚もなく、したがって恥をかいていることにも気づかず、一生終わるのはあまりに悲しい。相手が若く、しかも責任ある仕事にたずさわっていればこそ、これからの人生のあちこちで恥をかかせてはならないという思いから、私はあえて初対面ながら厳しく叱り、教えないではおれなかった。

「『知っていること』と『知らないこと』とを区別できること、それが知っているということだ」と孔子は『論語』の中で語っているという。私はよく修行僧たちに語りかける。

「『わかるまで居なさい』とは云《い》わない。『わかっていない自分に気づくまで居なさい』」と。その世界の広さ深さへの展望ができるほどに、自分の貧しさに気づき、わかっていない自分への自覚が深まり、同時に一層学ばないではおれない思いにかき立てられるものである。

「井の中の蛙《かわず》、大海を知らず」というが、井の中の蛙は大海を知らないばかりではなく「井の中の蛙」でしかない自分への自覚もないのである。井の中の蛙でしかない自分を自覚するために、大海を知らねばならないのである。

わかっていない自分に気づくことから学びは始まる。

# どちらかが水ならば

拾ったタクシーの運転手は女性であった。親し気《げ》に語りかけてきた。「私は車が大好きで、車に乗っているとストレスが解消するんです。二つ三つ就職もしてみたんですが、どれもうまくいきませんでした。車が私の性に合っているんでしょうね」と。私は云《い》った。

「それは違う。性に合うということではなく、わがままにすぎないといえるのではないか。車の中は小世界、主人公はあなた。相手は機械。文句なしにあなたの云う通りになるでしょう。しかしそれではあなたは人間として成長しない。一人の人間として成長するためには、あなたの気に入らない人、あなたが一歩譲らなければならない人、そういう人の中に身をおかないと精神的に大人として成長しないと思うよ」

女性ドライバーは真剣に耳を傾けていたが、ハッと思いあたるものがあったらしく、心に何か決するものがあるかのような眼の輝きに変わっていた。

庭造りの口伝というのを聞いた。庭の中に流れと池を造るとき、流れの上流へゆくほどに角《かど》ばった石をつかい、次第にまるくし、海にあたる池には角のないまるい石を使うのだという。流され、流されて下流にゆく。他の石の角にぶっつかったり岸や橋げたにぶっつかったりしながら、その度に角をとっていただきながら次第次第にまるくなり、河口へゆくころは全く角のない石になるという。

人間も一人でいるとわがままになり、ぶっつかる人もいないから自分が角だらけの人間であることさえ気づかないで終わってしまう。又《また》、何かのおりに他とぶっつかると、相手に角があったからだと相手を責める。

私は雲水によく語る。水と氷にたとえて。どちらか水ならぶっつかりは生じない。ぶっつかりが生じたかぎり、両方が氷だった証拠。むしろ相手の氷のお蔭《かげ》で

〝私も氷だったんだな〟と、〝自分の氷に気づかせてくれた相手の氷を、仏さまと思って拝め〟と。

セトモノとセトモノとぶつかりっこするると　すぐこわれちゃう
どっちかやわらかければだいじょうぶ　やわらかいこころをもちましょう

これは相田みつをさんの詩である。私はよく新婚夫婦にこの詩を贈る。ただし一言をつけ加えて。
「私がやわらかい心で相手がセトモノだと思ったら、その心がセトモノの証拠。私がセトモノだったなと気づく心がやわらかい心。しかし自分のセトモノは、教えの光に照らされないと気づくことはできない」と。

気づかせてくれた相手に感謝する心を忘れずに。

# 自然に随順して生きる

熊本の震災がなかなかおさまらない様子を見つめる私の脳裏をよぎる言葉がある。

平成7年1月におきた阪神大震災のおり、雲水達《たち》と共に炊き出しボランティアで現地を訪ねたときの運転手の言葉である。たしか3月の初めであった。見渡すかぎりつづく瓦礫《がれき》の山のあちこちに、梅が紅白の花をつけ、街路樹が芽吹いているのを見ながら、ご自分も被災者であるという運転手が語った。

「何千年という歳月をかけて、人類が営々と築きあげてきた文化が、一瞬にしてみごとに崩壊し去りましたなあ。それに比べて草木たちは強いですなあ。一本も倒れていないばかりではなく、倒れてきた家を支えながら、ビクともせず芽吹き

そめてさえいるじゃないですか。自然に随順して生きているからいいんでしょうなあ。人間は自然にさからって無理をしていますからね。人間は時速4キロで移動する（1里を1時間で歩く）動物というのが、もともと授かっている姿です。それを時速100キロで移動しようというんだから無理ですわな。自然にさからって無理をした分だけ、一気に粉砕されたわけですな」

避難所によってはガスも水道も出ない。朝一番の仕事は水運びと薪《まき》の準備。調理場は寒風吹きさらす青空天井の露地。ドラム缶をくり抜いただけのカマドに大はそり釜で何百人何千人の食事をつくりながら思った。欲望の満足という方向にのみ暴走する人類の文化のゆく末はどうなるのであろうかと。

自動ドア、自動水洗、水道も手をかざしさえすれば自然に出るという、いわゆる文化住宅で育った子どもは、戸の開け閉めから水道の蛇口をひねることまで教えねばならないと、保育園の先生が歎《なげ》いていた。冷暖房完備の中で育った子どもは、わずかな暑さ寒さにも堪えられないという声も。

自然にさからい、人類にとって都合のよい方向へとのみ暴走させる文化のゆきつくところ、多くの弱小動植物が絶滅に追いこまれている。弱小動植物の生存の条件も人類の生存の条件も同じであるはず。弱小動植物の絶滅は人類の滅亡の予言であることを、しかもそれは人類自身が招いた結果であることを忘れてはならない。

「われわれが宇宙から見た地球のイメージ、全人類共有の宇宙船地球号の真の姿を伝え、人類精神をより高次の段階に導いていかねば、地球号を操縦し損なって人類は滅んでいく」

宇宙飛行士のアーウィンの言葉を神の言葉として傾聴したい。

人間も地球上の生き物のひとつに過ぎない。

# 太陽はどこから出る？

昨年（２０１６年）の暮れの12月30日、シスター渡辺和子先生が89歳で帰天され、２月12日に岡山の国際ホテルで、ミサとお別れの会が行われた。友人代表として追悼の言葉を、との依頼があり、別れを惜しんで全国から駆けつけた３０００人のカトリックの人々の中で唯《ただ》一人、仏法の法衣をまとった私が、それも友人代表としてはたった一人、しかも真っ先に述べさせていただく機会を頂いた。涅《ね》槃《はん》会《え》摂心中であったが、都合して出席してよかったと思ったことである。その理由の一つは、宗教の名のもとに限りなく争いを繰り返している世界情勢の中で、20年近くに渡って姉妹の如《ごと》くに親交を続けさせていただいたことを、人々に伝えるよき機会となったことである。

私は常々、宗教や文化の違いのところへ出かけるとき、自分に云《い》いきかせる三つのことがある。一つは「真理は一つ、切り口の違いで争わぬ」ということ。例えば円筒形の茶筒を、横に切ったら切り口は丸くなり、縦に切ったら矩形《くけい》になり、斜めに切ったら楕円《だえん》になる。切り口は違うが真理は一つのはず。時の古今と洋の東西をこえて変わらぬものが真理。時と処《ところ》によって変わるものは人と人との申しあわせで、これは道徳律にすぎない。二つめは「切り口しか見ることができない」という謙虚な姿勢が大切ということ。われわれの知識や経験はまことに貧しい。その浅く貧しい経験の角度からしか見ることも考えることもできないという自覚。真理そのものには遥《はる》かに及ばない。ほんの一部しか見ることができないという自覚があれば、自分の見方を他人に押しつけることもなく、相手と私と違うからといって相手を責めたり、訂正を求めることはない。

おもしろい話がある。信州の山で炭焼きをしている人と佐渡の海で漁をしている人が、浅草の観音様をお詣《まい》りして同じ宿をとった。太陽はどこから出るという話になり、一方は「山から出て山に入る」と云い、一方は「海から出て海に入る」と云って譲らない。そこで宿の番頭に仲裁をたのんだら番頭いわく「屋根から出て屋根に入る」と。笑い話として一笑に付してはならない。われわれは毎日これをやっているという反省がなくてはならない。

三つめは一歩進めて「切り口の違いは尊重しあい学びあっていこう」ということである。

和子先生との交友はまさに「真理は一つ」の思いを深めつつ、学びあい尊重しあうの歳月であったと、感謝の思いを深めたことである。

真理は一つ、切り口の違いで争わない。

# 人に教える立場に立つ人へ

今冬は私を5歳から育ててくれた師匠の二十七回忌を迎える。たまたま3泊4日の研修会で北海道に来ており、講義に使った『従容録《しょうようろく》』の中に「師の語ってくれた一句を骨に刻み、実践することをもって報恩行とせよ（意訳）」という言葉が出てきた。そこで私は師から頂いた多くの学びの中から、次の一句を参会の人々に語った。

私の寺は檀家《だんか》はなく全くの自給自足の寺であった。春蚕《しゅんさん》から晩秋蚕《ばんしゅうさん》まで蚕《かいこ》は4回飼い、田も畑も、炭焼きまでも師と共にやらせていただくことができた。

秋の刈り入れが終わり11月頃になると、夏中働いて汚れた衣類を洗い張りして、冬の間に縫いなおす。これが師の一つの仕事であった。木枯らしの吹く中を、庭

の木から木へとハンモックのように布を張り伸子張《しんしば》りをするのである。

小学校の頃であったと思う。師の伸子張りを手伝った。師は手の早い人であったから、私も負けじと針を布に打っていった。布目に沿って伸子を打たねばならないのに、それを知らない私は、何でも針をさせばよいと布目を無視して針を打った。

布が乾いたところで師が〝取り入れてきて畳め〟という。布目に沿って針を打った師のところはきちんとたためるのに、布目を見ずに針を打った私のところは斜めにのびた形で乾いていて、たたむことができない。困っている私に、師は初めて口を開いた。「たたみにくいだろう。昔から〝仕事は仕事から学べ〟といってな、うまくいかなかったらどうしたらよいかを考えるんだよ。それでわからないようではしようがない」と。

結局は翌日もう一度水につけて伸子張りの仕直しをしなければならない。一番の被害者は師匠なのである。もし私なら、始めから〝伸子張りをするときは布目にあわせてこうやってやるものだ〟と教えるであろう。人によってはモタモタの子どもに手伝わせるより、自分一人でやったほうが手っ取り早い。それでも自分でやれば、そしてやっているところを子どもに見せればまだよいが、今はほとんど洗い張りや仕立て専門のところへ出して、自分ではやらない。

教えず、痛い思いをさせ、何倍かの時間と労力をかけ、骨身にしみて覚えさせる、という親切はなかなかできない。

自分が教えねばならない立場に立つほどに、師の「仕事は仕事から学べ」の一句、〝教えない親切〟という老婆心を思い、又《また》そういう師のもとで育った幸せを思うことである。


骨身にしみて覚えたことが人を成長させる。

# 人を育む土

勅題「語」によせて

たまわりし　師の言の葉の　かずかずに
導かれつつ　八十路《やそじ》越えきぬ

師からの学びで生涯心に刻んで忘れない一言がある。中学の頃のこと。

朝、暗いうちに起きて先《ま》ず本堂で約1時間の勤行。それから時間ぎりぎりまで養蚕なり掃除の手伝いをし、学校へ走り出す。中学までの約5キロの道を走りながら本を読んだ。私の勉強時間はこの学校の往復の時間だけであったから。

期末試験1週間あると、中の日1日は休みとなり、普通なら試験勉強にあてる

1日なのだが、その日も一日中、師と畑へ。仕事が嫌ではないが勉強する時間がなくて泣けるほど悲しく、ひそかに英語の単語帳をポケットに入れて、草をとりながら単語を暗記した。そんな私に師は一言云《い》った。

「人間はな、勉強しろ勉強しろと云われると、勉強する気がなくなるものだ。勉強する時間がないと思うと、与えられた仕事を一生懸命かたづけ、少しの時間も盗むようにしてつくり出し、その時間を密度の高いものとして使うものだ」と。

後に、ペスタロッチー賞を頂かれた東井義雄先生から、次のような話を聞き、ハッとさせられた。

「100人の子どもを100人とも勉強嫌いにするたった一つの方法は、朝から晩まで『勉強しろ、勉強しろ』と、がなりたてることです。間違いなく勉強嫌いの子どもができます。そんなことより、むしろ生きていくということはどういうことか、自分の足で生きていくということはどういうことか、親は一度の食事のために、一枚の着物のためにどれだけの汗を流しているか、子どもと一緒に仕事をすることで、体で子どもにわからせることの方が大事です」

東井先生は教育を農業にたとえ、「下農は草を作り、中農は作物を作り、上農は土を作る。教育の畑の土づくりは親づくり、家庭づくりだ。作物である子どもを何とかしようと思っても、土である親や家庭が駄目なら駄目なんだ」とおっしゃり、校長を退職されてからは、教育の畑の土づくりのために全国を講演に走りまわっておられた。

東井先生の言葉にあてはめれば、上農にあたる土としての師や寺のあり方の中で育つことのできた幸せを思うことである。

同時に、師は教育学を学んだ人ではなかったが、真の教育者であったなと改めて思ったことである。

生きるとはどういうことか、子どもは親や師と共に学ぶ。

# 命のいとなみがもたらす布施

　鳥海山《ちょうかいさん》の麓《ふもと》の宿にはまだ残雪がみられた。食事をしている窓の木立に鶯《うぐいす》が来て鳴く。みんな思わず顔を見あわせてニコニコとする。しばらくして又《また》鳴く。皆がうれしそうにニコッとする。2、3日後、自坊の信州に帰る。つくばいの音、釜の煮えの音に心の耳を澄ませながらお茶を點《た》てる。高原おろしの風にさそわれるようにしてカッコウやホトトギスの声が聞こえてくる。〝最高ね〟お茶の弟子達《たち》が喜ぶ。

　道元禅師は「花を風にまかせ、鳥をときにまかするも布施の功業なり」と語っておられる。春風にさそわれて梅や桜が咲き、薫風にさそわれて藤や泰山木《たいさんぼく》の花が開き、秋風にさそわれて萩《はぎ》やすすきが花をほころばせ、やがて散ってゆく。鶯は春告鳥という名を頂いているように春のおとずれを告げ、ほととぎすやカッコウは夏のおとずれを、雁《がん》はゆく秋を、そして日暮らし蝉《せみ》は夕暮れを、というように鳥達は季節や時を告げてくれる。その花の姿や鳥の声を聞くことで、人々は喜びや安らぎを頂く。天地の働きのままにまに生きる無心なるものたちの命のいとなみが、そのままに見る者や聞く者の心に喜びや安らぎをもたらす。これを道元禅師は鳥の布施、花の布施と語られる。太陽の光という布施を、空気という、引力という布施を…。天地総力をあげての布施を一身に頂いての今の私の命のいとなみであることを忘れず、それにふさわしい今ここの生き方でありたいと願うことである。

「はなを風にまかせ鳥をときにまかするも布施の功業なるべし」の言葉の前に、道元禅師は「舟をおき、橋をわたすも布施の檀度《だんど》なり。治生産業もとより布施にあらざることなし」という言葉を添えておられる。お互いの日々のいとなみのすべてが布施のしあいだというのである。

例えば私は50年余り、名古屋と塩尻を毎月何回か往復している。電車やタクシーを運転してくださる方のお蔭《かげ》で、安心して景色をたのしんだり、本を読んだり居眠りしたりできる。お弁当や飲み物を売りに来てくださる。お弁当をつくってくださる方々の御苦労。お弁当の材料を生産してくださっている人々の御苦労に思いを馳《は》せながら掌《てのひら》をあわせて頂戴する。お手洗いに立ちよる。お掃除をしてくださっている。〝ありがとう。御苦労様〟お蔭で気持ちよく使わせていただける。すべての人々からの布施を頂いて生きている私は、御恩返しとしてどれだけの布施ができているであろうかと省みることである。

一身に頂いている布施にふさわしい生き方を心がけたい。

# 心に留めたい七つの施し

私の心の奥深くにやきつけられた忘れられない風景がある。混雑した電車に乗っていた。電車が一つの駅に止まり、老婦人が乗ってきた。私の横に座っていた青年がサッと立ちあがり「どうぞ」と席を譲った。遠慮する老婦人に青年は「降りますから」といって電車を降りた。老婦人はホッとした様子で腰をかけた。しばらくしてふと隣の車両を見ると先ほどの青年が人混みにまじって立っているではないか。私はハッとし、同時に青年の心づかいの深さに感動した。席を譲ってくれた人が、自分の前でつり手にぶらさがりながらゆれていたら、何となく心苦しいではないか。そういう思いをさせないために「降りますから」とさり気《げ》なく云《い》って電車を降り、すばやく隣の車両に乗りかえたのである。

インドの詩聖ともいうべきタゴールの詩に〝私があなたを愛させていただくことが、あなたの心のお荷物になることをおそれる〟という意味の詩のあったことを記憶している。

とかくわれわれは〝私がこんなに愛しているのに、あなたは私を愛してくれない〟と、愛することに条件をつけたり、愛してくれることを求めたりしがちである。タゴールは〝愛することは私の勝手。それが相手の心のお荷物になることをおそれる〟という。何という深い、何という無条件の愛であろう。

仏教（瑜伽論《ゆがろん》）では八憍《はちきょう》といって八つの憍《おご》りを説いているが、その中の善行憍《ぜんぎょうきょう》（善いことをしたという憍り）のところで太田久紀先生は、善いことをするにあたっての二つの留意点をあげておられる。一つは善の押しつけ、善意のおせっかいによって相手を傷つけないこと、二つ目は善の行為の心の底に「私が」という利己の心がひそんでいないか、ということ。ああ何ときめこまかな心の観察であろうか。福祉事業とかボランティアも、うっかりすると自己満足であったり、相手への押しつけの善であったりすると「悪に変わる」と説かれていることを忘れてはならない。

釈尊は無財の七施ということを説かれた。和顔施《わげせ》＝ほほえみを、愛語施《あいごせ》＝愛の言葉を、慈眼施《じげんせ》＝慈しみの眼を、心慮施《しんりょせ》＝温かい心配り、捨身施《しゃしんせ》＝体でできる事、房舎施《ぼうしゃせ》＝安らぎの場を、牀座施《しょうざせ》＝良い席を譲る。先にあげた青年の行為を無財の七施にあてはめてみれば、ほほえんで〝どうぞ〟と席を譲ったのは、そのまま和顔、愛語、心慮、捨身、そして牀座施といえよう。

布施とは慈悲の心の無限の展開ということができよう。


自己満足や押しつけの善は悪に変わる。

# 太古から続く共存のハーモニー

庭掃除をしていて、桜の木の下に柊《ひいらぎ》の実生《みしょう》を見つけた。〝どうしてこんなところに生えてきたのだろう〟と、キョロキョロ見まわしていると、桜の梢《こずえ》で小鳥がチチチと囀《さえず》った。「あっ、あんたたちね。この柊の実を運んできたのは」

私の脳裏を、良寛さまの詩がよぎった。

花無心にして蝶《ちょう》を招き　蝶無心にして花を尋ぬ
花開く時　蝶来たり　蝶来たる時　花開く
吾《われ》もまた人を知らず　人もまた吾を知らず
知らずして帝則に従う　（五言の漢詩）

花が開くとき、蝶や蜜蜂たちが冬眠からさめて、蜜をごちそうになりながら、お礼として花粉の媒介をするというのである。花も蜜蜂たちも、ごちそうしたともされたとも、お礼に花粉の媒介をしたとも、してもらったとも思わず、全く無心のまま、みごとに援《たす》けあいの大調和の世界を展開しているというのである。「帝則」というのは「天帝の則」、つまり天地宇宙をつらぬく真理に、おのずからかなっているというのである。

この桜は樹齢約400年。近年樹勢の衰えが目立ってきたので、樹木医に診察してもらった。樹木医は語る。「『微生物を土という都市に住む住民にたとえれば、土壌構造はさながら団地のアパートのようなものである』と、静岡大の仁王教授は語っている。その微生物の住む都市であり団地である土も、人や車で踏み固めてしまうことで酸欠となり、団地は破壊され、微生物は住めなくなる。微生物の働きがあってはじめて動物の遺体や落ち葉などを分解して栄養と転化してくれ、それを植物は根から吸収し、枝葉を繁《しげ》らせ、花や果実をつけることができるのです。微生物の住めない土は死んだも同様で、そこにある根も栄養を吸収することができず、次第に衰え、やがて枯死してゆくのです」と。

樹上では花実と蜜蜂や鳥たちとが、土の中では樹の根と微生物たちが、密接に援けあいながら、太古の昔から共存のハーモニーを奏でていたのである。この微生物が人間の体の中にも3キロも住んでいて、食べた物を分解してくれるお蔭《かげ》でわれわれは栄養として吸収できるのだという。「一輪のスミレのために地球がまわり、風が吹き、雨が降る」とジョン・ミューアが云《い》っているように、一輪のスミレは天地いっぱいの布施を頂いて、一輪の花を咲かせているのである。ちょうどそのように、私の今の生命のいとなみも天地総力をあげての布施を頂いてこそ、初めて可能であることを忘れてはならない。

「生かされている」ことを無心で感じてみよう。

# やさしくしっかり履むことで麦は育つ

野沢菜の漬物が食卓にのぼった。信州の冬の風物詩。早速に心おどらせて小皿にとり一口。固い！　台所の担当の者いわく「今年は霜が遅くて、霜に逢《あ》わせていないために固いのです」と。

2、3回霜に逢わせると甘くやわらかくなる。しかし逢わせすぎると姿がくずれてしまうからむずかしい。

居あわせたAさんが語り出した。

「なずなも今ごろのは固くておいしくないですね。冬を越えて春先のなずなは甘くてやわらかいし、蕗《ふき》のとうも、今ごろのやハウスものはおいしくないし香りもない。自然の中で冬の寒さを越えたのは香りも高いですね」

柳宗悦《やなぎむねよし》さんの詩に〝蕗のとうほほえむ雪をかざして〟というのがある。柳さんは初め、不幸に見舞われた友人に〝蕗のとうほほえむ雪にもめげで〟と書き送られた。その後「めげで」ではいけない。負けてしまうよりは「負けるものか！」とがんばらねばならないが、肩に力を入れてのがんばりは長つづきしないし、傍《はた》目《め》もつらい。蕗のとうにとって重く冷たい雪ではあるが、その雪のお蔭《かげ》で甘くやわらかく、香りも高くなると、雪と和し、一歩進めて雪をかざしとしてほほえんでゆくことができたらいいと気づき、「雪にもめげで」を「雪をかざして」と訂正されたと伝え聞く。

おしゃべりの続きに麦踏みのことを思い出した。早春の昼さがり、師と2人、藁《わら》草履をはき、麦踏みをしたことを。冬の間の度々の霜柱などで、麦の根が浮きあがってしまっているのを、春先、麦が地にはりついている時期に、丹念に踏んでやるのである。そうすることで麦は根をしっかり大地にはって力強く伸びることができる。踏む時期と踏み方が大切である。少し伸びてから踏んだら折れてしまう。又《また》、固い履物を履いて踏んだり、乱暴に踏んだりすると麦を傷つける。藁草履というやさしい履物で、そっと、しかししっかりと履《ふ》む。

麦踏みをしながら思ったことであった。人を育てるのも同じだなと。叱るべき時がある。叱り方がある。深い愛をもって、叱るべき時に叱らないと、かえってその人を駄目にしてしまうと。

逆に叱られる側にまわったら、叱り方に文句をつけず〝叱っていただける〟と喜んでちょうだいしていきたい。

〝踏まれて起きあがり　倒れてしまっては駄目〟

と詠じた坂村真民《しんみん》先生の詩の心のように。

叱るのも、叱られるのも、難しい。

# 2章

# いつも心の中にいる仏の教え

# 一枚の紙に仏が宿る

「もしあなたが詩人であるならば、一枚の紙の中に雲が浮かんでいることを、はっきり見るでしょう。雲なしには水もなく、樹も育ちません。樹々なしには紙ができません。ですからこの紙の中に雲があります…」「もしあなたが詩人であるならば、一枚の紙の中に太陽の光を見るでしょう。太陽の光がなかったら森は育たないから…」「もしあなたが詩人であったら、一枚の紙の中に樵《きこり》をみるでしょう。樵が木を伐《き》ってくれるから…」

樵の使っているノコギリを作った人や会社、そのノコギリを作る機械を作った人や材料、伐られた木がパルプとなり、やがて紙となってゆく段階におけるすべてのかかわり…。

「この一枚の紙は、太陽や雲や森や樵など、紙でない要素によって成り立ってい
る…」

これらは、ベトナムの禅僧ティク・ナット・ハン師の言葉である。ハン師は1926年にベトナム中部に生まれ、16歳で出家された。ベトナム戦争に反対して平和運動を続け、ついにフランスへ亡命し、フランスで仏教徒のための僧院を設立。ダライ・ラマと並ぶ精神指導者と注目されている。冒頭に紹介したように、非常に詩的に又《また》わかりやすい例をもって、仏教の根本理念を説いてくれている。

12月8日は釈尊が天地宇宙の真理に、その中に生かされている人の生命の姿にめざめられた日とされている。道を成ずる「成道《じょうどう》」の日として。仏教徒は12月1日から8日まで集中的に坐禅をしたり、臘八摂心《ろうはつせっしん》を勤めたりする。

釈尊の悟られた中味《なかみ》は「すべてのものは縁によって生滅する。単独で存在するものはない」ということで、「縁起」の一言で象徴することができよう。

沢木興道《こうどう》老師は禅の「尽十方界真実人体《じんじっぽうかいしんじつにんたい》」の語をとりあげ「皮膚の内側だけで

生きているのではない。全体に生かされている」とよく語っておられた。すべてのものが、紙一枚も米粒一粒も、そしてあなたも私も、ひとしく天地総力をあげてのお働きを頂いて存在し、あるいは生命がいとなまれているというのである。

米沢英雄先生が「吹けばとぶようなこのちっちゃないのちを、天地いっぱい、宇宙いっぱいが総掛かりで生かしてくれている。天地いっぱい、宇宙いっぱいと匹敵するほど価値あるいのちなんだ」とよく語られた。その働きを象徴して仏と呼ぶ。

一枚の紙も一粒の米も、人の生命も、すべてを仏と拝み、大切に生きていきたい。

すべてのものに命が宿っている。

# 手紙と本の話

「心こめて一字一句をお書きくださったことを思いますと、下にも置けない思いで拝読させていただきました」

これはそそっかしい私よりの手紙への、松原泰道老師からのお返事の一節である。はるかに後輩の、若輩の私の手紙にさえ、それほどの思いをよせてお読みくださっている。私は何と心ぜわしい、浅薄《せんぱく》な思いで書き、又《また》読んでいたことであろうかと、反省した日のことを、今も忘れない。

私共、仏門に身をおく者は、釈尊や歴代祖師方の説かれた経本や、宗乗《しゅうじょう》と呼んで禅宗や曹洞宗の祖師方の著された祖録は袱紗《ふくさ》に包んで持ち歩き、拝読するときも、きちんとお袈裟《けさ》をかけ、姿勢を正し、お経を読み、押しいただいてから開き、拝読する。もちろん床や畳の上には絶対に置かない。置いてはならないのではなく、置けないのである。

読むにあらず　拝読せよの　師のことば
心に刻み　眼蔵《げんぞう》を繰《く》る（『正法眼蔵《しょうぼうげんぞう》』）

道元禅師は「面授《めんじゅ》」ということを大切にされた。〝直接にその人に会うことで、まのあたりに人格にふれ、あるいはその声を心の耳を開いて聞け〟というのである。

あなたがそこに　ただいるだけで　その場の空気が　あかるくなる
あなたがそこに　ただいるだけで　みんなのこころが　やすらぐ
そんな　あなたにわたしも　なりたい

これは相田みつをさんの詩である。何かを語っている訳ではない。そこにその人がいるというだけで、その方のお姿やお顔を見ただけで心安らぐ、生きてゆく勇気がわいてくる、そんなお方がいるものである。

さいわいにそういうお方にめぐりあうことができ、師とあおいでの研鑽《けんさん》の月日を重ねることができた者にとっては、その方の亡き後も、たとえ何十年を経ようと、その方の著された本を拝読していると、まのあたりに居ますがごとくお姿が見え、お声が聞こえてくるものである。

本にあらず　文字にもあらず　師の君の
声と姿を　おろがみて読む

「眼光紙背《しはい》に徹す」とか「行間を読め」とか「詩のように朗読し、響きとして読め」とか、古来、本の読み方には意味深い言葉が残されている。心して、深い本の読み方をしたいものと思うことである。

手紙にも本にも人の思いが籠められている。

# 欲の真ん中に私が無くなったとき

「味けない時代になりましたなあ。何でもかんでも金、金、金といって。私ら小さいとき親がよく云《い》いましたよ。『私らのような貧乏人はお役人にはなれん』と。どうして貧乏人はお役人にはなれんのかと聞いたら『お役人というものは国をあずかる人達《たち》だ。自分の財産をはたいてでも国の為《ため》に勤める。それで初めてよい仕事ができる。貧乏人はすぐ欲を出す。これやったらいくら自分のふところに入るかと。一つやるごとに自分のふところに入る計算をするようでは、ロクな仕事はできない。だから貧乏人はお役人にはなれんというのだ』というのです。ところがどうです。今は総理大臣から始まって私利私欲ばかり。それで良い仕事のできるはずはありませんよ。人間、いつ死ぬかわかりゃしませんからね。ミットモナイコトをコソコソやっていて、そのときオダブツしたらザマアミヤガレと云われますよ。何時《いつ》オダブツしてもよいように、チャンと生きなきゃ駄目ですよ」

千種駅から乗ったタクシーの運転手が語ってくれた言葉を、私は禅の大宗師家が語る言葉と思い、一言一句聞きもらすまいというほどの思いで傾聴した。

運転手さんの言葉から、とりあえず三つのことを学んでおきたい。第一は、人生の生き方に二つの姿があるということ。一つは、何をするにも〝私にとって損になるか得になるか、気に入るか気に入らないか〟と、考えたり行動するその真ん中に常に「私」が居すわっているという生き方である。欲がイコール悪ではない。欲は大切な天地からの授かりの生命のエネルギー。それを小さな「自我の欲望の満足」の方向にのみ増長させていったとき煩悩となる。いかに国の為、世の為に働いているようでも、深いところに「私への思い」がうごめいていたら、これは煩悩にすぎない。

「小さな私への思い」を投げ捨て、ひたむきに授かりの仕事に生命をかける。それも「欲」には違いないが、「欲」の真ん中に「私」が無くなったとき、「誓願」に変わる。釈尊は「欲」を「自我」の方向へ向けるのに対しては「小欲」「知足」と誡《いまし》められ、「誓願」の方向へは大欲張りになれ、とさとされた。

「欲」、つまり「生命のエネルギー」は、天地総力をあげてのお働きからの無償の授かりと気づかせていただければ、自我の方へは向けられなくなる。むしろご恩返しとして天地いっぱいへ、人々のよきようにと使わないではおれなくなる。

そのように欲の方向づけができた人を菩薩と呼ぶ。


欲の使い方は自分次第である。

# まじり気なしに打ちこむ

運転手さんからの学びの第二は、一つのことを行うのに「まじり気なし」という姿勢で立ち向かうということ。「精進」という言葉の「精」を、道元禅師は「精にして雑《まじ》らず」と説明しておられる。沢木興道《こうどう》老師が語られたお話が心に残っている。

「山火事がおきた。動物たちがいっせいに逃げた。一羽の小鳥だけが逃げずに、谷川へいってはその小さな羽根に水を浸し、燃えさかる火の上へいっては一滴おとす。羽根を傷めつけながら懸命にやりつづけた。動物たちが嘲笑《わら》った。〝くたぶれるだけで、消えやしない〟と。小鳥は答えた。〝消えないことはわかっている。しかし私にできることはこれだけだから〟と。天の神はこの小鳥の心を感じて大雨を降らせて山火事を消した…」

これは「雑宝蔵経」に出てくる釈尊の前生譚《ぜんしょうたん》である。もし私だったらどうするか。〝何とか火事を消さねばならない〟とまずは思うであろう。次の瞬間、消せるか消せないか、つまり結果を考え〝止《や》めよう〟ということになってしまう。あるいはそのことをして他人《ひと》はどう思うかと、他人のおもわくを考えて行動するかしないかを決める。

この、消せるか消せないか、結果を問う。これ第一のまじり気。他人はどう見るかが第二のまじり気。こういうまじり気なしにひたすらにそのことに打ちこむ。これを「精進」というと示される。釈尊は「第一の矢は受けても、第二の矢を受けるな」とさとされた。〝火を消そう〟と思い立つ、これが第一の矢。消えるか消えないか、他人はどう思うか、これが第二、第三の矢といえよう。唯識《ゆいしき》の泰斗《たいと》の太田久紀先生の言葉が思いあわされる。「仏教は因果論というけれど、われわれが発言権を持っているのは因だけ。果に発言権はない。ただよき師のおおせのもとによき因を積み続けるのみ」。今ここで、なすべきこともろくにせずに、よい結果だけほしがる救いようのない自分の姿を、はずかしく思うことである。

第二の矢について坐禅中の心の調え方の上からも考えてみたい。「無念無想になれといってても植物人間になれということではない。頭は考えることが仕事。考えようとしなくても思いは浮かぶ。聞こうとしなくても聞こえてくる。これは自然現象で妄想ではない」と沢木老師は語る。思いが浮かぶ、聞こえてくる、これが第一の矢。われわれはそれを追いかけ、つかまえ、育てる。これが第二の矢。沢木老師は語る「追うな追うな、相続これ病、不続これ薬…」と。

自分が何をするかこそが大切。

# 「いつ死んでもよい」という生き方

運転手さんからの学びの第三は「人間、いつ死ぬかわかりゃしませんからね。何時《いつ》オダブツしてもよいように、チャンと生きなきゃ駄目ですよ」の一句。運転手という仕事は時々刻々に生命の危険にさらされているといってもよいだけに、この一言は真《しん》にせまるものがあった。

しかし考えてみるに〝生きているということは、常に死と背中あわせ〟ということであり、死は老人とか病人とか関係なく、生まれてすぐ迎えに来られる人もあり、又《また》健康で看病している方が先に旅立たねばならないこともある。いつお迎えが来ていただいてもよいような今日只今《ただいま》の生き方ができているか、時々刻々に自らに問うてゆかねばならないと、切に思うのだが。

沢木興道《こうどう》老師のことが思い出される。老師は三重の津のご出身。幼くして両親を失い、叔父さんに預けられるが、その叔父さんがその年のうちに急逝し、遊郭街の裏町にある提灯《ちょうちん》屋の沢木家の養子となった。そこで博徒の見張り役というのが沢木少年の仕事であったという。つまり〝警察が来た！　逃げろ〟という、警察の見張り役である。

ある日、遊郭の2階で急死した男があり検屍《けんし》が入った。えらい評判となり、沢木少年も現場を見にいった。奥さんが駈《か》けつけ、遺体にとりすがり、〝お前さんも死ぬにも事欠いて、どういうところで死んでおくれた。一周忌がきても三回忌がきても、この人は女郎買いをしながら死んだといわれるだろう〟と泣き叫んでいるのを聞いて「内緒ごとはできんわい」と気づかせてもらった。「両親が死んでも目が醒《さ》めない。もらってもらった叔父が死んでもまだ目が醒めないボンクラの私のために、菩薩さまが女郎買いをしながら死ぬという活劇を目の前に見せてくれ、私の目を醒まさせてくれた。私が本気に発心をし、又、一生内緒ごとができんのはこのお蔭《かげ》じゃ」と折々に語っておられた。

「仏法とはむこうを変えるのではない。此方《こちら》の目や耳を変えるということじゃ」の老師の、まさにその言葉通り、遊里で死んだ男の姿さえも、菩薩の慈悲の教えと頂ける沢木少年の目は、やはり尋常ではないと思うことである。

1日24時間の生命のいとなみの、その一つ一つに、坐禅のときは坐禅のみ、掃除のときは掃除のみと、まじり気なしに取り組んでゆく、そのことがそのまま〝いつ死んでもよい〟という生き方であろうし、これを道元禅師は「只管《しかん》」とおおせられたのであろう。

## 一つ一つの行いが悔いのない生き方をつくる。

# 小さな人間のモノサシ

人間《じんかん》の　是非《ぜひ》をばこえて　ひたぶるに
君がみあとを　慕いゆかばや

これは今年（平成二十八年）の勅題「人」によせて詠じたものである。「君」というのは云《い》うまでもなく釈尊のことである。

良寛さまの詩に「人間是非一夢中」――人間の是非一夢《いちむ》の中《うち》――という一句を読みこんだ詩が二偈《げ》伝えられている。

回首五十有余年　人間是非一夢中　山房五月黄梅雨　半夜蕭々灑虚窓
――首《こうべ》を回《めぐ》らす五十有余年、人間《じんかん》の是非一夢の中、山房《さんぼう》五月黄梅《おうばい》の雨、半夜蕭々《はんやしょうしょう》として虚窓《こそう》に灑《そそ》ぐ――

私が初めてこの詩に出会ったのは、30代の初めであった。そのとき私は「ああ、良寛さま、年をとってから作られた詩だな」と思った。80代の今、私は思う「良寛さま、若いとき作られた詩だな」と。まさに「人間の是非一夢の中」で、一つの詩を判断するにさえその判断の真ん中に私がいる。30代のときはモノサシのメモリの真ん中は30代だから、それより年上はみな年寄りである。80代の今の私のモノサシのメモリの真ん中は80代であるから、それより若い人は皆若く、年寄りというのは、私の年より上の人しか年寄りと呼べない。人間のモノサシというものはそんなものである。常に意識にものぼらない深さにおいて「私」がものの判断のど真ん中に居座っている。

少しモノサシをのばしたのが「民族」とか「人類」というモノサシといえようか。「われわれが宇宙から見た地球のイメージ、全人類共有の宇宙船地球号の真の姿を伝え、人間精神をより高次の段階に導いていかねば、地球号を操縦しそこなって、人類は滅んでいく。人間はみな同じ地球人なんだ。国が違い種族が違い、肌の色が違っていようと、みな同じ地球人なんだ」

これはアポロ15号で月面に着陸し、3日間にわたって月探検をなしとげた宇宙飛行士のアーウィンの言葉。又《また》、アポロ7号に乗ったドン・アイズリはこういっている。

「眼下に地球を見ているとね、いま現にこのどこかで人間と人間が領土やイデオロギーのために血を流し合っているというのが、本当に信じられないくらいバカげていると思えてくる」

これら宇宙飛行士達のインタビューの後、立花隆氏は「宇宙飛行士とは『神の眼』を持った人間なのだということに思いあたった」と述懐しておられる。小さな人間のモノサシをかなぐり捨て、神仏はどう見るかと問いつつ歩んでいきたい。

**小さな視野に囚われていないか、自らを省みてみよう。**

# 人間の分別以前の働き

「私は無神論者でしてね。母は熱心な仏教徒でしたが。その私が昨年、心筋梗塞で倒れまして、幸いに命をとりとめることができ、しばらくして病院での診察のおり、レントゲンに映った映像を見せてもらいました。生き残った方の毛細血管が駄目になった方へどんどんのびてゆく映像を見せてもらい、感動しましたね。私は何もしていないのに、人間の分別以前のところで働きかけてくれている、そのおおいなる働きのあることに気づき、感動し、思わず掌《てのひら》があわされました。信心とはそういうことなんですね。お蔭《かげ》で私の人生観が大きく変わりました」

雨の日に乗ったタクシーの運転手が、しみじみと語ってくれた。私は東井義雄先生の詩を紹介し、紙切れに書いてさしあげた。

目がさめてみたら
生きていた
死なずに
生きていた
生きるための
一切の努力をなげすてて
眠りこけていたわたしであったのに
目がさめてみたら
生きていた
（後略）

愛の教育に生涯をかけられた東井義雄先生の詩である。弥陀《みだ》の信心に生きた小松市の山越初枝さんの言葉が忘れられない。

「ほんとにね、息ひとつでもわがの力でしとるがでないこたようわからんか。ピチピチして泣いとるときでもやっぱり息しとる。おかしいておかしいて腹ねじれるほど笑うとるときでも、やっぱり息しとるがや。そうすっとわが力なんにもなかった。みんなあたえられたもんやったなあというもんいただかいてもろうと、あったかい世界やわね。行住坐臥《ぎょうじゅうざが》、おあたえの世界や。朝目あけるのも、わが力であけるがんねいわね。夜寝るときでも眠ろう眠ろうと思や思うほど眠れんわね。そやけど知らんまに寝とるわ。朝おきる時間になるとちゃんと目あくしね。それなんかわが力でしとると思とるもんやさけ、『そんで』と頑張らんならん。罪悪深重ってこのことやね」

30年も前、松任市（現在の白山市）の本誓寺の松本梶丸先生からお聞きした山越初枝さんの述懐が、金沢弁とともに耳底に深くきざまれている。

自分は何もしていないのに、駄目になった心臓の方へ新しい毛細血管をどんどんのばしてくれているその働きが、笑っているときも腹を立てているときも眠りこけているときも私を生かしてくれているのである。
その働きを目に訴えて拝みたい、幼な児《ご》が母の名を呼ぶように名をつけて呼びたい、という切なる願いのもとに作られたものが、他ならない仏像であり、仏の御名《みな》であることを忘れまい。

生きようと思う前に、生かされている。

# 「法執すらなし」の深さ

15歳で、東京帝大の前身である昌平黌《しょうへいこう》に学び、後、風外本高《ふうがいほんこう》禅師に随侍し、明治12年より東京帝大で仏教哲学を講じたという経歴を持つ原坦山に、こんな逸話が伝えられている。

若き日、法友と諸国行脚をしていた。梅雨どきであったのであろうか。小川が増水しており、一人の娘さんが渡れなくて困っていた。原坦山はサッと娘さんを抱いて向こう岸に渡してやり、何事もなかったかのように旅をつづけた。法友がとたんに機嫌が悪くなり、夜、宿でどうにも我慢ができぬとばかりに坦山にくってかかった。「貴公はけしからん、女を抱いた」と。坦山は呵呵《かか》大笑して「お前はまだ抱いていたのか」と云《い》ったという。実際に抱いても抱かない坦山と、抱かなくても抱きつづけている法友と。

坦山にこんな話も伝えられている。250戒とか300戒という戒律を厳格に守っていることで有名な釈雪照律師が、ある日、坦山を訪ねてきた。坦山はたまたま酒をあたため、盃《さかずき》を手にしようとしているときであった。おもむろに座についた律師に向かって、坦山は「一杯、どうかね」と盃をすすめた。戒律を守っている律師に酒をすすめる坦山も坦山であるが、律師は顔をしかめ、手をふってことわった。坦山が「そうか、酒も飲まんようなものは、人間じゃないな」というと、律師は「なに、人間じゃないとな。『葷酒《くんしゅ》山門に入るべからず』と仏戒にあるではないか。酒も飲まんようじゃ人間ではないとは何ごとか」と勢いこんで云った。坦山は「そうよ、酒も飲まなければ仏さんよ」といい、一本やられたとばかり律師も破顔《はがん》一笑したという。

道元禅師のお言葉に「法執《ほっしゅう》すらなおなし、いわんや世執《せしゅう》をや」というのがある。具体的な例でいうならば、ぜいたくな衣装とか位の高い人の着る法衣を着たいと思ったり、反対に着られないとくやしがったりするのを世執と呼ぶ。原坦山の場合にたとえるなら女を抱くことや酒にこだわったら世執となり、女も抱かない、酒も飲まないという戒律にこだわっているのを法執という。女を抱いても抱かない、酒を飲んでも飲まない。つまり全くこだわっていない坦山の姿は「法執すらなし」といえるであろう。

世の諺《ことわざ》にも「味噌《みそ》の味噌くさきは上味噌にあらず」とあり、良寛さまも「悟りくさき」「学者くさき」「茶人くさき」と、「くさい」ことを繰り返しいましめておられる。「法執すらなし」の世界の深さを思うことである。

欲にも規律にも囚われない境地が存在する。

# どんな最期であっても

茶の湯の一流派を興し、参禅もされた某宗匠が、亡くなった時の前後の話を聞いた。「何月何日に死ぬよ」と予告し、かっこよく死ぬところを見せようとされた。しかし予定通りにいかず、本番で死ぬときはだまって逝かれたという。

対照的な話がある。飄逸《ひょういつ》な禅風で知られている博多の仙厓《せんがい》和尚。命旦夕《たんせき》にせまったある日、一人の弟子が仙厓さまに「最後に何か一言、お遺《のこ》しください」とお願いしたところ、「死にともない、死にともない」と云《い》われた。「天下の名僧ともあろうお方が、そんな見苦しいことでは困ります。もう少しましなことを云ってください」と再度お願いしたところ、「ほんまに、死にともない」と云われたという。

「死にともない」の言葉づらだけを聞いていれば、凡夫が生死に執着しての言葉と同じに聞こえるが、そうではない。かっこよく死ぬという法執《ほっしゅう》すら超えた次元での、大安心《だいあんじん》の中での〝死にともない〟の一語であることを見きわめねばなるまい。

『従容録《しょうようろく》』96則「九峰不肯《きゅうほうふこう》」にこんな話が紹介されている。石霜《せきそう》亡きあと、第一座を後任住職にしようという動きの中で、石霜の侍者を勤めていた九峰が「まった」をかける。「先師石霜の心を会得し、私の質問に答えることができたら、住職になることを認めよう」と。

九峰の問いに答えた第一座の答えに対し、九峰は「全くわかっていない」と否定。第一座は「線香一本立ち消える間に坐禅したまま死ぬことができたら、私の修行力を認めよ」と云い、事実線香一本立ち消えるまでに、坐禅したまま亡くなった。つまり坐脱《ざだつ》である。

九峰は第一座の背を撫《な》でながら「坐脱立亡《りゅうぼう》はなきにしもあらず。先師の意は未《いま》だ夢にも見ざるあり」と云ったという。坐禅したまま又《また》は立ったまま死ぬということがないわけではない。しかしそんなことが修行の目的でも人生においての大切なことでもないんだよ、というのである。

われわれはよく死に方について「立派な死に方であった」とか「みっともない最期であった」とか、死に方に評価をつける。そんなことはどうでもよいのである。内山興正《こうしょう》老師がよくおっしゃった。「糞《ふん》まみれになり七顛《しちてん》八倒して死ぬかもしれない。どっちへどうころんでも御手の只中《ただなか》であることにかわりはない」と。この大安心こそ大切であり、いいかっこして死のうなどというあたりにウロウロしているようでは、九峰ならずとも「全くわかっていない」といいたい。

最期のありさまにこだわっているうちは真理を会得できない。

# 掴むのではなく、捨てる坐禅

「道元禅師の坐禅は悟りとか仏とか、何かを掴《つか》もうとする有所得の、ものほし坐禅ではない。パアッと捨ててしまう坐禅じゃ」。大きく開いた手を前へつき出して、かき捨てる真似《まね》をされながら並みいる一座をギラリと見渡されたときの、老師の眼光のするどさを今も忘れない。

昨年秋に4日間、全国の曹洞宗師家《しけ》（修行僧を指導する最高の責任者）研修会が、永平寺名古屋別院で修行され、なつかしさいっぱいの思いで門をくぐった。奇《く》しくも48年前のこの日、私は某雑誌社の依頼を受けて、御住職の大洞良雲《おおぼらりょううん》老師のインタビューをするべく、木の香も新しい別院をお訪ねした。

老師は、新しい殿堂の方へはついにお移りにならず、良寛さまの五合庵を思わせるような侘《わ》び住ま居で生涯を過ごされた。お訪ねしたその日は、ひと部屋しかない老師の部屋で月例参禅会が開かれていた。96歳を迎えられた老師、さすがに足腰が御不自由になられ、横になっておられる。その老師を囲み、十余名の参禅者が面壁して（壁に向かい）一炷《いっちゅう》の坐禅をしたのち、布団を畳んでそこへ老師に依《よ》りかかるようにして起きていただき、2時間近い提唱（講話）を聞く。老師は切々と名利《みょうり》（名誉欲と財欲など）を離るべきことを繰り返し語られた。

私はその時、35歳。参禅者の帰ったあと、老師は私に向かい、「私はもう年をとって何もでけん。あんた方若い方々、よろしくたのみますぞ。名利を離れたところに仏法の尊さがあることを、道をまちがえてしまっている現代の人々に伝えてくだされ。おたのみ申しますぞ」と、手をあわせておっしゃったお声が、今もありありと聞こえてくる。老師はその翌月の12月9日に、96歳の生涯を閉じられた。期せずして老師最期の参禅会に参じ、まさに遺言をちょうだいして帰ったことになる。

老師は良寛さまの筆法を伝えるといわれた名筆家であられたが、生涯書きつづけられた日記も、祖禄参究《そろくさんきゅう》の手控えも、すべて新聞広告の裏や反故《ほご》を利用され、新しい紙はついにお使いにならなかった。

そのお姿が忘れられず、私も80歳を過ぎる今日まで、講義の手控えや書簡、封筒等、すべて反故の活用ですませている。紙一枚の命も無駄にされなかったお姿が、私の脳裏にやきついているため。

まのあたりに人生の良きお手本を拝することができた幸せを思うことである。

欲を離れたところに人の本当のあり方がある。

# 投げられたところで起きる小法師かな

『泥があるから花は咲く』の題で、私の本が幻冬舎から出版されたのが、平成28年12月10日。渡辺和子先生が推薦文を書いてくださった。その20日後の30日に和子先生は世を去られた。

私の前に同じく幻冬舎から和子先生は『置かれた場所で咲きなさい』の題のもとに出版され、２００万部を超えるという大ロングセラーとなった。この本のタイトルを見た参禅者たちが異口同音に「先生が常々おっしゃっている〝投げられたところで起きる小法師かな〟を、そのまま云いかえたといってもよいですね」と語ったことを忘れない。終生誓願のうちの「従順」を、キリスト者なら普通「神への従順」と説くであろうことを「自我からの自由」と云いかえられている点と軌《き》を一《いつ》にしている。きわめて日本的、仏教的であることを見のがすわけにはいかない。

『婦人画報』の6月号で「追悼・渡辺和子」と題する特集が組まれた。その中でノートルダム清心女子大学副学長の山根道公氏が「『置かれた場所』の秘密」という題での一文を寄せておられ、「あっ、やっぱりそうであったか」と頷《うなず》かせていただいたことである。

和子先生はあるとき仏像の姿に心惹《ひ》かれる学生から「キリスト教は余りに異国的な色彩が強いです」という問いに対して、次のように答えられたという。

「私もみ仏の姿の中に、日本人でなければ多分味わえない、安らぎを感じ郷愁を覚えることがあります。（中略）それまで失っていたら、私は無国籍の中途半端な人間でしかないだろうと思います。（中略）自分の生き方の中に、日本人に違和感のない、キリスト者の生き方を具現したいと努めています」（『教育者の日記から』）

更《さら》には『置かれた場所で咲きなさい』の本の題名となった原典の言葉は「神が植えたところで咲きなさい」という英詩の一文であるという。もしこの本が『神が植えたところで咲きなさい』の題で出版されたら「これほどまでに日本人の心を惹きつけなかったであろう」と山根氏が語っておられる。

海外生活のほうが長く、ラスター彩の発掘調査、再現などに功労のあった、文字通り国際人と云える加藤卓男先生が「国際人とは無国籍人になることではない。自分の国の文化を大切にする人にして初めて他の国の文化も大切にできる」と語られた言葉と重ねあわせ、和子先生の生き方に心からの拍手を送りたい思いをしたことであった。

自らのルーツを大切にしてこそ、他者のそれを尊重できる。

# 本有種子《ほんぬしゅうじ》——意識以前の深い流れ

自分の宗教以外を異教徒と呼んで門を開こうとしなかったキリスト教が、２０００年の歴史を破り、諸宗教との対話を打ち出したのが昭和37（１９６２）年。東西霊性交流という形で具体化したのは昭和54年以降。当時46歳の私は「日本の尼僧を代表して是非に」と推薦され前後３回にわたり訪欧。禅や禅文化としての茶・華道の紹介を兼ね、修道院生活を体験する機会を得た。多くの学びや考えさせられることの中から一つを取りあげてみたい。

ベルギーの修道院での講演のあと、日本の修道女が次のように語ってくれた。

「頭では承知でカトリックのシスターとなり、ヨーロッパに骨を埋めようとして何十年の歳月が過ぎました。どうしたことかわかりませんが、年を経るほどに、

仏教の話を聞いたりお経の声を聞くと、私の中に流れている血が休まります。何百年という永い間、仏教の話やお経の声を聞いた血が、私の中に流れていて、その血が休まるんですね」

シスターの言葉を聞く私の脳裏を、岡潔先生の言葉であったかと思うが、よぎった。「先祖7代、日本に住んだ者なら、本人は初めて日本の文化にふれても、理解することができるであろう」

仏教の深層心理学ともいえる『唯識』ではこれを本有種子と呼ぶ。例えば生命を河の流れにたとえる。大きくは太古から、時を経ては東洋、西洋という、更《さら》には日本という、もっと近くはわが家の家系という流れを、始めから頂いてこの世に生を受ける。これを本有種子と呼び、意識以前の深さにおいて流れ、支配されている。音一つでも教会での往復鳴る鐘の音より、寺の梵鐘《ぼんしょう》の音色のほうがしっくりくるように。

ローマで活躍された尻枝神父、カルメル会の奥村一郎神父、諏訪におられた押田神父、そして渡辺和子シスター等々。多くの方々と親しくさせていただいてきたが、欧米のカトリックの方々とどこか違う。

又《また》、私もしばしばカトリック系の大学や修道院へお話に出かける。彼らや彼女らが語る。「ヨーロッパから招いた神父の話より、先生の話のほうがシックリくる」と。

日本に仏教が伝わって1500年。日本人という、その上に1500年の長きにわたって薫習《くんじゅう》されてきた仏教という本有種子の流れが同じだから、ということができるのではなかろうか。意識以前の深い流れとして頂いてきた本有種子というものの働きを大切にせねば、と、和子先生のお話を聞く度に思ったことである。

太古から受け継がれてきた命が私たちの中に息づいている。

# 自分が今いる場所が道場である

また見んと　思いし時の　秋だにも
こよいの月に　寝られやはする

これは道元禅師が入寂される2週間ほど前に詠ぜられたお歌である。今生において再び見ることができないであろう今宵の名月、どうして寝ておれようかというのである。

道元禅師は建長5（1253）年9月29日、54歳の若さで入寂された。悪性腫瘍であったと伝えられている。波多野義重公等、多くの俗弟子達《たち》の懇請により、京都の名医の治療を受けるべく上洛《じょうらく》された。俗弟子覚念《かくねん》の屋敷に落ちつかれてわずか半月余り。療養されている部屋の柱に『法華経神力品《じんりきほん》』の中の一節「若《も》しは園中においても、若しは林中においても、若しは僧房においても、若しは殿堂に在りても、是《こ》の中に皆まさに塔をたてて供養すべし、ゆえはいかん。是の処《ところ》は即《すなわ》ち是れ道場なり」（要約）を書き記して入寂された。どこにあってもそこが道場なんだよ、というのである。

われわれは常に「今、ここ」をおいてどこかへと、心を遊ばせてしまう。生きているというのは、時は「今」、ところは「ここ」でしかないのに。

沢木興道《こうどう》老師はよく「『今ここをおいてどこかへ』これを流転という」とおっしゃった。人生の「今」には病んでいる時もあろう、健康でバリバリ働ける時もあろう。成功して天にものぼる思いの時、失敗して落ちこんでいる時、愛している時、愛が憎しみに変わっている時、食事を作る配役にまわっている時、食べる配役にまわる時、寝ている時、お便所で用を足している時等、あらゆる時と処がある。その中のどこだけが私の命ということはない。どの一瞬も私のかけがえのない命の一歩一歩であることを思う時、いついかなる時、いかなる処、いかなることに対しても、逃げず追わず、姿勢を正してそのことに取り組むより他に、わが人生を大事にする生き方はない。その生き方を「是の処是れ道場」と示されたのである。

内山興正《こうしょう》老師はよく「人生の最後には世捨て人じゃない、世捨てられ人状態が待っているであろう。その世捨てられ人という状態に姿勢をくずさずに取り組んでゆくことに生きがいを感ずる」と語っておられた。気に入ったことにならば生きがいを感じて取り組むこともできようが、世捨てられ人状態に取り組むことに生きがいを感ずることはむずかしい。「是の処是れ道場」と取り組むことのむずかしさを思うことである。

一瞬一瞬に向き合うことが人生を大切にすること。

# 宇宙的視野からかえりみる

高杉晋作ら勤王の志士たちをかばい、志士たちから母のように慕われた野村望《も》東尼《とに》（ぼうとうに）の今年（平成29年）は150回忌を迎える。望東尼が出家得度し、又《また》墓もある博多の明光寺様の依頼を受け、法要の導師を勤め、法話もさせていただいた。

安政の大獄で吉田松陰らが処刑されたのが1859年10月。その8月に望東尼は明光寺で出家得度している。井伊大老が桜田門外で暗殺されたのは翌年の1860年3月。それから7年後の慶応3年10月、15代将軍徳川慶喜は大政を奉還。高杉晋作は大政奉還を見ることなく、その年の4月、わずか29歳で逝き、望東尼は大政奉還の朗報を聞き、翌月の11月、62歳で世を去った。

慶応4（明治元）年戊辰《つちのえたつ》の年の正月、鳥羽・伏見の戦いの後、勝海舟と西郷隆盛の会談の結果、江戸城無血明け渡しという、大人物同志による平和的政権交代が実現し、明治新政府となって150年。各地で記念の催しが予定されている。望東尼の法要もその先駆といえよう。

望東尼は福岡藩士・浦野重右衛門の娘。福岡藩士である野村貞貫に嫁《か》し、夫亡き後、出家得度して招月望東と号し、大隈言道について和歌の道を究め、歌集『向陵集』を上梓《じょうし》。後に明治新政府より正五位が贈られている。

高杉晋作が29歳の若さで労咳《ろうがい》（肺結核）のため、波瀾《はらん》に富んだ生涯を閉じるに当たり、辞世の句として「おもしろき事もなき世をおもしろく」と詠んだのに対し、「住みなすものは心なりけり」と望東尼が下の句をつけた話は有名である。

10月30日、明光寺において望東尼の法要をすませた後、高杉晋作や望東尼らにまつわる話の後、新政府軍と旧幕府軍との久しい争いにちなみ、次のような話で結びとした。

人間《じんかん》の是非をば　こえてひたぶるに
君がみあとを　慕いゆかばや

立場が変わると是非善意が逆転するようなのは人間のモノサシ、時と処《ところ》を超えて変わらぬ真理、神・仏の眼をおそれて生きていきたいという思いをこめて詠じた私の歌である。

新政府軍も幕府軍も皆、国を思い、正義をかざし、命をかけて戦った。今日でも神の名のもとにイスラエルの地では限りなく凄惨《せいさん》な闘いが繰り返されている。バチカンでは2、300年後の歴史の眼をおそれて今を慎む、と云《い》い、沢木興道《こうどう》老師は〝宇宙的視野から地球や人類をかえりみよ〟と云われた。その只中《ただなか》にあっても常に醒《さ》めた眼で見ることができたら、と願うことである。

小手先に陥らず、俯瞰で物事を見たい。

# どの一瞬もかけがえのない命の歩み

　私の今日ある背景は限りない多くの師の導きによるものであるが、中でも忘れることのできないお一人に秦《はた》秀雄先生がおられる。井伏鱒二さんの小説「珍品堂主人」のモデルになった方である。学校の往復をお駕籠《かご》で通ったという金沢の大寺の御曹司として生まれられたが、寺のありように反発して寺を出、生涯を古美術の世界に生きた方といえようか。むしろ真摯《しんし》な求道者であり、小林秀雄氏や青山二郎氏らと親交があり、古美術に関する本も沢山《たくさん》出しておられる。

　先生との出会いは、たまたまバスに乗りあわせたというだけの御縁である。渋谷駅で玉川行きのバスに乗りこんだ私について乗られた老人が、私の横の席に座るなり小さな紙切れに名前を書いて「私はこういう者です」といって渡された。

みごとな字で「秦秀雄」と書かれてあった。

「私は道元禅師と親鸞聖人をお慕い申し上げ、毎朝のお勤めには『正法眼蔵《しょうぼうげんぞう》』を拝読しております」「道元さまはすごいお方ですな。〝誰も見ていないところで着替えをするときも肌を見せるな〟と示される」

いったいどういうお方なのか、胸をドキドキさせながら老人の一言一句に耳を傾けた。

「毎月10日（今日）私の愚痴を聞いてもらう会を開いております。よろしかったら聞きに来てくださいますか？　あんたさんは何とおっしゃるんですか？」「青山と申します。どうぞよろしく」

わずか10分ほどでお別れをして下車。たまたま午後の授業が休講になったので、ふと訪ねる気になり、教えられた道をたどり、門をくぐった。すでにお話は始まっていた。お話の内容は、苦悩と反逆という形でなされた若き日の求道の物語であり、どうにもならない凡夫人間の泥沼のどん底で見出《いだ》した仏の慈悲の物語であった。

その頃、私は大学のかたわら茶の湯を学び、「わび茶道の成立と禅」という問題にとりくんでいた。そんな私にある日、秦先生は「利休さんは道元禅師の宗教を美という観点から一挙にとらえたといってもよい」とポツンと語られた。「なるほど!」、私は思わず膝をたたく思いで、一気にそのときの論文の結論をまとめあげることができた。

道元禅師の修行観は時と事を限らず、24時間のすべてを、顔の洗い方、お便所での用の足し方からクシャミの仕方まで、すべてを修行として、あるべきように勤めよ、と示される。どの一瞬もかけがえのないわが生命の歩みとして大切に勤めよ、というのである。


思いがけない出来事から大きな教えを得ることがある。

# 師のきびしさとあたたかさ

大学に遊学（まさに遊学）すること11年に区切りをつけて31歳の春、信州の山寺へ。帰ってすぐ茶室を作り落成茶会を終えた夕方、突然に秦先生がお訪ねくださった。「若い身空で山寺に入り、どうしているか心配で訪ねてきた」とおっしゃる。早速にお茶室へと御案内した。炉辺《ろへん》に座られた先生が開口一番におっしゃった言葉は「あんたの財産はこんなもんじゃない。月日が経《た》てば朽ちてしまうような、また火に焼かれればなくなってしまうような、そんなものがあんたの財産じゃない。あんたの本当の財産は、真実の仏教者としての道を歩むことによって、生きた信者をつくることだ」の一言。茶室開きでうわついていた私の心はこの一言の苦言でみごとに打ちすえられた。「本当にそうだ！」と秦先生の言

葉をかみしめたことであった。

翌朝、帰られる時に更《さら》に一言。「私はあんたに、いわゆるの坊さんにも、いわゆるの茶人にもなってほしくない。お釈迦さんや道元さんがよろしいといわれる坊さんに、利休さんがよろしいといわれる茶人になってほしい。それで私は生きている間中、あんたの悪口を言い続けるからね。そのつもりでいてくださいよ」。私は思わず「先生そのお言葉、本当に忘れないでください」と掌《てのひら》を合わせてお願いした。親やよほどの師匠でない限り、世の中の誰が面と向かって本人の非を指摘してくれよう。蔭《かげ》で悪口をたたいても本人の前へくれば、へつらい迎合するのが世のならい。そういう世の中にあって、叱りつづけてくださる先生の温情をしみじみとありがたく思い、おろそかにしてはならないと思ったことである。

先生との御縁は更に深まり、毎年開いている禅の集いの講師にお招きすることができた。集いを終えての先生からのお便りには「皆様ことに若い方々を集めて、人生まじめに真実に生きる方策御探究のこと、ここに人あり、日本ありの思い致し候。頼もしき事に候（中畧《りゃく》）ただ禅は口舌《くぜつ》に非《あら》ず、人生座辺に、恁麼《いんも》にあるもの、教典をさぐりて非ざるものの惑い致し候」と、巻紙にみごとな筆の候文。おのれをごまかさずに生きてこられた人のみの持つこのきびしさとあたたかさ。

わずか10分ほど同じバスに乗りあわせた御縁がここまで深まることができた。その背後に目に見えない大いなる力を感ぜずにはおれない。その力に呼ばれ後押しされての今日までの私の歩みであることを思うとき、ただ合掌あるのみである。

**自らを叱ってくれる人は有り難い存在。**

# 涼風の中に暑さあり

「無の眼耳鼻舌身意《げんにびぜつしんい》あり、無の色声香味触法《しきしょうこうみそくほう》あり」

ほの暗い禅堂の彼方《かなた》から、天籟《てんらい》のひびきのように、後堂《ごどう》の余語翠巌《よごすいがん》老師のお声が聞こえてきた。私は天地がひっくり返るほどの驚きと喜びを覚え、思わず耳をそばだてた。

「本来無の一物《いちもつ》、いずれの処《ところ》にか塵埃《じんない》あらん……」

ほんの数分の口宣《くせん》（法話）は終わり、夜の坐禅のしずけさは一層深いものとなった。

『般若心経』のこの一節は「眼耳鼻舌身意も無く、色声香味触法も無く」と、普通は否定的に読む。単なる否定ではないと理屈ではわかっていても、深いところ

で納得できずにいた私の頭の中の霧が一気に晴れた。

無とか空という言葉を耳慣れた言葉に置きかえると、仏性とか真如《しんにょ》となる。無限定の仏の御命、御働きが展開して、眼耳鼻舌身意となり、色声香味触法となり、私となり貴方《あなた》となる。すべてが仏性の展開なのだから、塵《ちり》や埃《ほこり》として否定すべきものなど初めからない、というのである。

中国に禅が伝わって6代目の慧能《えのう》のこの一句は、普通「本来無一物」と否定的に読む。「本来無の一物」は全肯定であり、「無」は天地いっぱいの仏の御命、御働きを意味する言葉と転じている。

昭和47年6月、大本山総持寺での伝光会摂心《でんこうえせっしん》中のことであり、老師は60歳、私は39歳であった。翌日、喜びのあまり後堂寮にのぼり、お礼を申し上げ、更《さら》にいくつかのお質《たず》ねをさせていただいた。老師との初相見であり、以来25年の長きにわたりお導きいただくことができた。

尼僧堂の師家《しけ》として年5回の摂心にお越しいただき、ねんごろな御提撕《ごていぜい》を頂くこと20年。7月の摂心は温度・湿度ともに高く、一番大変な摂心である。抽解《ちゅうかい》（休み）時間、老師のあとを追うようにして禅堂を出た私は、思わず「老師さま、暑いですね」と声をかけた。老師はすずやかにおっしゃった。「涼風の中の暑さでしてな」

私は「うーん」とうなり、あとの言葉が出なかった。暑さにのみ心奪われ七転八倒している私には、涼風が感得できない。むしろ暑さの故にこそ涼風が涼風と頂けるのに。厳寒の中にあっては同じ風も涼風どころか無慈悲な寒風でしかない。涼風と頂けるのは暑さのお蔭《かげ》であり、その暑さも天地いっぱいの涼風につつまれてありと知ることができれば、暑いままに涼しいものとなる。何と涼やかなお言葉であり、境涯であることか。

視点を変えれば見えてくるものがある。

# 「むさぼり」と「へつらい」

「布施というはむさぼらざるなり。むさぼらずというはへつらわざるなり」

この道元禅師のお言葉に出合ったとき、ハッとして読み返した日のことを忘れない。普通われわれは「お布施をする」とか「お布施を頂く」という表現をし、金か物をさしあげたりもらったりすることのように思っている。そんな表面的な話ではないのである。布施をする者の心の深層にうごめく心を、厳しく見すえ、誡《いまし》められたお言葉と頂きたい。

私は幾つもの寺の全面改修工事を行ってきた。檀《だん》信徒の寄付を仰がねばならない時もあった。私は世話人の方々にお願いした。「一度だけ封筒を配り、いかほどでもよいからお気持ちだけ入れていただき、集めてください。寄付単もあげなければ発表もしません」と申しそえて。世話人が「そんなことでは金が集まりませんよ」と云《い》ったが、私は「本当の浄財で建てたいから」と譲らなかった。

一般の寄付の集め方は、寄付帳をまわし、世間の役職の上の方から順に記帳していただき、それを寄付単にあげたり、記録した印刷物にして発表したりする。大きく発表するかしないかで、寄付額を変える人もある。これは云いかえれば、名誉を買っているにすぎないのではないか。

お寺やお宮へお詣《まい》りにゆく。お賽銭《さいせん》箱によく「喜捨」と書かれ、又《また》お賽銭も投げ入れる。これは何を意味しているのであろうか。仏さまにお供えするのに「投げる」という方法をとるということは「お返し」を待たないということではなかろうか。つまり布施の心は「むさぼりを捨てる〝捨〟の修行」といってよいのではなかろうか。

現実は、なるべく軽いお金を投げて、たのみごとだけは山ほどする、いわゆる〝おねだり〟の〝むさぼり〟のお詣りであって、「捨」の心からは遥《はる》かに遠いものであることを猛省したい。
更《さら》に道元禅師は「むさぼらずというはへつらわざるなり」と続けられる。凡夫私の中には、常に「わが身かわいい」思いが執念深く働いている。その「わが身かわいい」思いが、常に何かを「欲しがり」――貪《むさぼ》り――、欲しいから「へつらう」。むさぼりとへつらいは一つの心の裏表。「諂笑《てんしょう》」とか「諂涙《てんるい》」という言葉がある。「へつらい笑い」や〝へつらって涙する〟ことである。心せねばと思うことである。

幼ならの　無垢《むく》なる笑みの　まばゆさに
たじろぎつおのが　姿かえりみる

俊董詠

## 真の施しは見返りを求めるものではない。

# 今も生涯を支えてくれる師の言葉

さみしがり屋の岡村精二さんを、手づくりのヨットで147日かけて太平洋横断をなさしめた力はどこにあるか。小学校6年の担任の大石寛先生の「おまえならやれる」の餞別《せんべつ》の一言であったという。

道元禅師は「一句一偈《げ》の法をも布施すべし。此生他生《ししょうたしょう》の善種《ぜんしゅ》となる」と示しておられる。愛の一言が、真実の一言が、なえた心を立ちあがらせ、あるいは一生の導きとなる。

私も生涯の導きとなった言葉を、多くの方から頂いた。まずは5歳で無量寺へ入門したときの師の一語。「仏さまはいついかなるときも、見守りどおしに見守っていてくださるんだよ。それからよく見てごらん。仏さまは両方の御手ともにマルをつくっておられるだろう。もしお前が悪いことをすると、あの手のマルが三角になるんだよ」と。「気まま、わがままな私の思いを先とせず、限りなく仏さまにお質《たず》ねをし仏さまにひっぱっていただきながら、今ここを生きて行け」との教えである。

15歳の春、この道に生命をかけようと出家得度し、修行道場に入って最初に出会うことができた沢木興道《こうどう》老師の口から「宗教とは生活の全分を仏にひっぱられてゆくということじゃ」の一句を聞いたとき、ハッとした。5歳のときの「仏の手のマル」はこれであったなと。5歳の子どもにわかるように説いてくださった師の言葉を、心に刻みなおしたことであった。

もう一言、私に語りかけ続けてくださっている一句がある。中学3年の卒業式の前日、私は皆に別れを告げ、その夜剃髪《ていはつ》し、修行道場へと旅立った。5キロの道を寺へと急ぐ私を、後から「青山君」と呼びとめる人がいた。ふり返ると社会科担当の三村敬久先生。「君にどうしても云《い》いたいことがあって追いかけてきた。

今の日本（終戦直後の混乱期）は元寇《げんこう》で大揺れに揺れた鎌倉時代に似ている。あのとき、道元、親鸞、日蓮というような方々が出て人々の精神の支柱となり日本を救ってくれた。今の日本で一番必要なものは真実の宗教者だ。真実の宗教の力によってしか今の日本を救うことはできない。そういうときに君が出家してくれるということは本当に嬉しいことだ。僕は心から賛成する。頑張ってくれたまえ」と、痛いほど手を握って激励してくださった。「先生、ありがとうございます、命がけでやってみます」と、胸を高鳴らせて申し上げたことを今も忘れない。

真心から迸《ほとばし》り出た一言の布施が、その人の生涯を支える力となると思うことである。ちなみに三村先生は、秋艸道人《しゅうそうどうじん》こと会津八一《やいち》先生に師事した歌人でもあった。

人生の諸所に師となる人との出逢いがある。

# 心にかなうときも、かなわないときも

春は花　夏ほととぎす　秋は月
冬雪さえて　冷《すず》しかりけり

道元禅師のこのお歌は、川端康成がノーベル文学賞をもらった受賞記念講演の冒頭に引用したので、一挙に有名になった。しかしこのお歌が「本来の面目」という題で詠じられたものであることは意外に知られていない。

「本来の面目」というのは、一言で云《い》えば「仏さまの姿や中味《なかみ》」ということ。問題は「仏さま」をどう受けとめているかである。

目がさめてみたら
生きていた（中略）
生きるための
一切の努力をなげすてて
眠りこけていたわたしであったのに
目がさめてみたら
生きていた（中略）
いや
生かされていた

これは東井義雄先生の詩であるが、この働きを仏さまと呼ぶのである。太陽や空気や引力や…天地いっぱい総力をあげてのお働きを象徴して仏と呼び、そのお働きを全く平等に頂いて一輪のすみれも咲き、犬猫も走ることができ、人間も日々の生命のいとなみができるのである。その仏さま（本来）の姿・形・中味（面目）が、春は花夏ほととぎす秋は月云々《うんぬん》だというのである。

美しい大自然の姿で歌いあげてあるけれどこれを人生にあてはめるならば、萌《も》え出《い》ずる夢多き青春の日もある。汗を流して働きつづけなければならない壮年の時もある。凋落《ちょうらく》の秋もあれば、寒風吹きすさぶ雪の荒野にじっと堪えなければならない厳寒の季節もある。それらがそのまま他ならぬ仏の姿・中味なんだというのである。われわれ凡夫は、わが心にかなうとき、順風のときは〝仏さま〟といえるが、わが心にかなわないとき、逆風吹きすさぶなかでは仏の姿など見えなくなってしまう。しかしいかなる状態になろうと仏のお働きのまっ只中《ただなか》での起き臥《ふ》しなんだというのである。

道元禅師は更《さら》に「四運を一景《いっけい》に競う」と示しておられる。四運とは大自然でいったら春夏秋冬、人生でいったら生老病死。それを逃げず追わず、積極的に景色として楽しんでゆけとおおせになる。

くだり坂にはまたくだり坂の風光がある

これは榎本栄一さんの詩である。私も過労から体調をくずしたお蔭《かげ》で、これらの歌を体を通して味わいなおすことができた。そして下り坂には下り坂でしか見ることのできない景色を、どん底ではどん底でしか見られない景色をたのしませてもらおうと姿勢をたてなおしてみると、気づかせていただくことが沢山《たくさん》あり、南無病気大菩薩《ぼさつ》と手をあわせていることである。

逆境だからこそ気づけることがある。

# 山に想う神の加護

「山高きが故に貴からず、樹有るを以《もっ》て貴しと為《な》す」（実語教）

ある日、この一句に出あった。山は高いから尊いのではなく樹があるから尊いのだという。つまり形ではなく中味《なかみ》だというのである。

では樹があればよいかといえば、そうではない。樹のありようが問題だ。ある山奥の集落へお話に行った。植林された山また山の狭間《はざま》を運転してくださった方がつぶやいた。「人間が利益の計算づくで、杉ばかりとか檜《ひのき》ばかりというように常緑樹ばかりを植林した山は、山が生きていませんからいざというときすぐに山崩れ、土砂崩れとなってこわいですね」と。その直後、大分の一つの山が土砂崩れをおこした。人工的に植林された山であった。

又《また》ある時、紅葉で有名な山陰のある地方へお話に行った。みごとな紅葉の渓谷を走りながら運転手さんが語った。

「紅葉が美しいというのは、山が健康な証拠ですな。人間の手で汚されない自然のままの姿ですから。常緑樹や落葉樹や、いろいろな下草が雑居していて秋になると紅葉して散り腐葉土となる。裸木になった間を縫って太陽の光が大地までしみ通る。こういう山あいを流れる川は水が涸《か》れませんし、したがって下流の農家は水の心配はありませんね」

なるほどとうなずきながら、ジョン・ミューアの言葉を想い出した。アメリカの国立公園の父と呼ばれるジョン・ミューアの言葉に「水があるから樹が生えるのではなく、樹があるから水があるのだ」というのがある。緑の木が、健康な山が「緑のダム」と呼ばれるゆえんもこの辺にある。

お盆が来て、松本の町は「青山さまだ、ワッショイワッショイ」とにぎやかい（にぎやかだ）。浅間に青山さまを祠《まつ》る小さな社があるよし。青山さまとお呼びする御神体はいったいどなたなのか。

地上の一切のものは天地宇宙のお働きに生かされて生きている。そのお働きを、ときに大空に輝く太陽の光や働きに象徴して、インドではビルシャナ仏とお呼びし、日本では天照大神《あまてらすおおみかみ》や大日如来《だいにちにょらい》となったといえよう。それと同じく地上においては緑の山にたとえたのではなかろうか。

信州は、特に松本は日本の屋根ともいわれる青い山々に囲まれた町。その大地を守り、そこに生きるものたちの生命を守る役を勤めてくれている青い山の働きを、神にたとえての祭りになったのではなかろうか。祭りとして騒ぐもよいが、原点は、その心はいかにと深く尋ね入ってみたい。


太古から崇められてきた山河に思いを馳せてみよう。

# 青山に見る二つの大切な教え

唐末に出た禅僧の洞山《とうざん》悟本《ごほん》大師は、中国曹洞禅の源流をなす方として貴ばれ、曹洞宗の洞の字もこの洞山の洞といわれている。

この方の言葉に「青山《せいざん》は白雲《はくうん》の父、白雲は青山の児」というのがある。同じく洞山さまの言葉に「若《も》し何の処に居《きょ》すと問わば、緑水《りょくすい》青山是《こ》れ我が家」というのがある。私がよく色紙に書く言葉に「青山元不動　白雲自去来」——青山もと不動白雲おのずから去来——というのがある。

天地宇宙の姿を、動と不動の角度から、青山を不動、緑水や白雲を動の譬《たと》えとして美しく頌《じゅ》したものといえるのではなかろうか。

道元禅師は『正法眼蔵《しょうぼうげんぞう》』「山水経《さんすいきょう》」の中で宋代の高僧、芙蓉道楷《ふようどうかい》禅師の「青山常運歩《じょううんぽ》」という言葉を引用して説示しておられる。それによると「青山」は不動のもの、時と処《ところ》を越えて変わらない永遠の真理といってよく、それが具体的には無限の働きとなってすべての上に現成《げんじょう》してくる。時々刻々に変化しつつ。その働きの方を「常運歩」と表現されたと頂きたい。

例えば「無常」「無我」という天地の道理は、永遠不変の真理であり、これを仏教徒は「おはたらき」と呼んだり、似人化して「如来」とお呼びする。

私はよく春にたとえる。春という働きが、具体的には梅や桜を咲かせ、実を熟させ、秋には落葉させるというように。人も生まれ、成長し、老い、死んでゆくように。時と処により無限の働きがあるのを「常運歩」という言葉で、又《また》は「青山」に対して「白雲」という言葉であらわしているといえるのではなかろうか。

「青山」についてもう一つの見方のあることも心に止めておきたい。南北朝時代、南朝の後醍醐天皇に、楠木正成と共に忠誠を尽くした九州の菊池一族が、深く帰依した方に大智《だいち》禅師がある。この方の詩の一節に「無心常に白雲を伴なって坐《ざ》す、到《いた》る処青山便《すなわ》ち是れ家」という一句があり、更《さら》に幕末に出た釈月性《げっしょう》に「男子志を立てて郷関を出ず。学若し成る無くんば復《ま》た還《かえ》らず。骨を埋むる何ぞ期せん墳墓の地。人間到る処青山有り」というのがある。これは宋代の蘇東坡《そとうば》の詩が手本になっているといわれる。

つまり人生のついの住み家であるお墓を意味しているといえよう。しかしそこは忌み嫌うべきところではなく、人間最後のおちつき場所、やすらぎの場所、畢《ひっ》竟帰処《きょうきしょ》なんだというひびきのあることを見逃したくない。

真理はいつどこにいても変わることはない。

# 3章
# 困難に遭った時に
# 思い出してほしいこと

# 一言の言葉がけが人を変える

ある時、太宗《たいそう》が洛陽宮《らくようきゅう》を修復しようと云《い》い出した。皇帝が何か事業をしようとすると、多くの民衆がかり出される。たまたま農繁期であったのであろう。今かり出されたら農民は困る。民衆を困らせるということは皇帝にとってもよいことではない。そこで諫議《かんぎ》という皇帝のご意見番のお役についている張玄素《ちょうげんそ》が「今はその時ではない。時期を待つように」と真心をかたむけて進言した。太宗はこの忠言を是として受け入れ、宮殿の修復をとりやめた。功臣の魏徴《ぎちょう》が「張、公事を論ずるに廻天《かいてん》の力あり」と讃歎《さんたん》の言葉を惜しまなかったという。道元禅師が「愛語よく廻天の力あることを学すべきなり」とおっしゃった言葉の出典は、遠く唐代の太宗の名臣、魏徴の言葉であったのである。更に道元禅師は別のところで

「明主に非ざるよりは忠言を容《い》るることなし」の一句を添えておられる。とかく後輩とか、弟子とか子どもに非を指摘されると、先輩とか師匠や親の面子《めんつ》にかかわるような気がして、素直に受け入れられないものである。大切なことは、そのことが道理にかなっているか否かなのであり、道理にかなったことならば、相手が誰であろうとそれにしたがう。それがあるべき姿であろう。しかしそれができるのは明君であればこそ、というのである。

　愛語ということで思いおこすことがある。インドにマザー・テレサを訪ね、救済活動に参加したのは昭和57年10月のことであった。マザーの修道会はおりおりに炊き出しをする。路上生活者たちが数限りなく集まってくる。その人々にパンとスープを手渡すのである。マザーはシスターたちに三つのことをその度にたしかめたという。

「あなたたちは、受けとる一人ひとりにほほえみかけたでしょうね。ちょっと手に触れて、ぬくもりを伝えましたか。短い言葉がけを忘れはしなかったでしょうね」

ほほえみかける。いつくしみの眼と顔で。仏教ではこれを慈眼施《じげんせ》、和顔施《わげんせ》という。そっと手をふれてぬくもりを伝える。心のぬくもりを肌を通して伝える、心《しん》慮施《りょせ》といえよう。一言でよい、愛の言葉がけを、愛語施《あいごせ》である。

それらはすべて深い愛の心、慈悲の心のあらわれで、それが人々の心を安らかにし、あるいはなえた心を立ちあがらせ、あるいは180度方向転換させるというのである。反対に心ない一言が、冷笑が、一人の人を死に追いやることにもなるという教えが、同時に含まれていることを忘れてはならない。

進言に耳を傾けるのも愛の言葉をかけるのも自分次第。

# 未来の扉

その朝、迎えに来てくれた運転手は、おなじみのKさんだった。走りだしてしばらくすると妙にあらたまって「先生、お話させていただいてよろしいでしょうか?」と質《たず》ねてきた。「どうぞ」と云《い》うと語りだした。

「私、刑務所生活を3年致しました」

私は云った。「あら、なかなかできない経験ができてよかったじゃないの」と。

Kさんは云った。

「家内や子どもには迷惑をかけました。しかし、せめて家内や子どもには許してもらいたいと思うのですが…」

あとはにごして言葉らしき言葉にはならなかったけれど〝心の底から許してく

れていないため、モンモンとして、それをまぎらすために毎晩酒を飲んでいる〞ということらしい。私は思わず云った。

「〝許してくれ〞というのは甘えですわ。そんな条件づきの懺悔なんてするものじゃない。本当に申し訳ないと思ったら無条件に懺悔するのみ。〝許してくれなくて当たり前。許されなくて結構。私はただひたすら懺悔するのみ〞。それが本当の懺悔じゃないですか。〝許してくれ〞などと相手に注文をつけ、相手が許さないと〝何故《なぜ》許さないのか〞と相手を責めたくなる。そんなのは本当の懺悔ではない。甘えにすぎない！」と。

Kさんは泣きながら叫んだ。

「そうでした！　甘えでした！　わかりました！　よかった、先生に話して…」

涙をふきふき運転するKさんの顔は、重い荷物をおろしたかのように明るいものに変わっていた。私はもう一言つけ加えた。

「過去はどうでもよいのよ。大切なことは〝今どう生きているか〞だけなの。過去を生かすも殺すも今日只今《ただいま》の生き方にかかっているのだからね。むしろ過去のつらい経験がアンテナとなり、求める心がおき、すばらしい教えや人に出会えたら、マイナスはプラスに変わる。それを道元禅師は『懺悔の力が精進力へと変わる』と示しておられるのよ。私が〝なかなかできない経験ができてよかったじゃない〟といったのもそれなのね。

反対にすばらしい過去も、今日只今の生き方でマイナスにもしかねませんからね。過去を生かすも殺すも〝今、どう生きているか〟にかかると同時に、固く閉ざされてとても開きそうもない未来の扉も、今日只今の生き方で開いてゆくことができるし、反対に大きく開かれている扉を閉めてしまうのも今日只今の生き方にかかっているのだからね」と。

過去を生かすも未来を開くも今にかかっている。

# たった一度の人生を最高に生きる

その日乗ったタクシーの運転手は「坊さんなど乗せて縁起が悪い」とでも思ったかのように、走り出すと同時にことわってきた。「私は宗教、大嫌いでしてね。競馬競輪が大好きで、新聞も三面記事しか読んだことありません」

私も「あっ、そうですか」と云《い》っただけで何もしゃべらず、窓外の景色を楽しんでいた。

しばらくすると語りかけてきた。「けれど、人生で何かにぶっつかった時、どうしてよいかわからないんですよね」と。

私は答えた。「そりゃ、学ばなければわかりませんよ。貧しい自分の経験や智《ち》識《しき》の中だけで何とかしようと思ったって、どうどうめぐりしているだけで、出口は見つかりませんよ。限りない多くの人類の先達たちが、どう生きたらよいか、いろいろと起きる問題をどう解決したらよいか、どう受け止め、転じてゆくべきかを、探し求め、見つけ出し、実践された生き見本や教えが沢山《たくさん》残されている。それを、なるべく深く沢山学び、それを光としてわが足もとに照らし返してみる。例えばお釈迦《しゃか》さまやキリストさんや、道元禅師や親鸞《しんらん》聖人等、限りない多くの方々が人生のありようを、ぶっつかった問題のよりよい解決の方法を説き残してくださった。しかしそれがどんなにすばらしい生き方や教えでも、それはその方々の答え。その教えを私の足もとへ、生き方へと照らし返し、では私はどう生きるべきか、この問題をどう解決すべきかと。私の今日只今《ただいま》の答えを探す。それで初めて、よりよい答えが得られるというものじゃないでしょうか。ほかならない、それが宗教なんですよ。宗教とは『宗《むね》とする教え』と書きますでしょう。偶像のようなものを拝んで御利益をもらうとか、罰があたるとかいう、そんな話じゃないですよ。たった一度の人生を最高に生きる生き方、最後のおちつき場所を説くのが宗教なんですからね」

思わず運転手に長ばなしをしながら、思い出すことがあった。ある勉強会での講演のあと、一人の方が質問してきた。「お経は死んだ人に読むものか。わが足もとに向かって読むものか」と。

いい質問である。私は答えた。「もちろん自分の足もとに向かって読むものです。たった一度の、やりなおしのできない人生の今ここを、最高に生きる生き方が説いてあるのがお経ですからね。自分の人生の生き方を棚にあげて、向こうをむいて読むものがお経じゃありません」と。


先人が残した教えから自分の答えを探すことが肝要。

# 人間を駄目にするのは

15歳の春、理想にもえて出家得度し、修行道場に入った。道場では毎月、授戒というのが修行され、戒師さまとか教授師、引請師などという重要なお役を勤める方は、紫や黄や赤の法衣《ころも》に金襴《きんらん》のお袈裟《けさ》というはなやかな装束での法要が眼前に展開した。一途《いちず》にすべてを捨てて入る世界と思ってきたのに、これはいったいどういうことかと反撥《はんぱつ》し、「黄紫金襴、緋の法衣、禅師歌舞伎に似たりけり」などとひどいことを云《い》って批判をしていた。

19歳の春、大学へ入学。先輩に一人、終始、木綿法衣の雲水姿で通した方がおられた。道や校庭で逢《あ》うと、深々と合掌低頭《ていず》された。みな学生服で、道であっても〝ヤア〟と気軽に挨拶《あいさつ》をかわす中で、黒衣の雲水姿に、きちんと立ち止まっての合掌低頭。もっとも理想的に見えてよいはずのこの姿が、ひどく鼻もちならないものに見えてきた。

「はばかりながら学生服は着ない」「はばかりながら黄紫金襴は着ない」と、黒衣が自分を飾る衣装となったら同じではないか、と気がついた。そして道元禅師の「群を抜けて益なし」のお言葉や、「白鳥蘆花《ろか》に入る」の禅語を思いあわせた。白鳥が真白い蘆《あし》の花の中に身をかくす。つまり一つに溶けあって見分けがつかない状態をいう。たとえよいことであろうと、自分だけ目立つあり方をする、黒鳥になりたがる。気づかないほどの深いところで「私は」という思いがある。その「我《が》」を「執《しゅう》」を「こだわり」を消せ、放下《ほうげ》せよとおおせなのである。

『維摩経《ゆいまきょう》』の一節にこんな情景が描かれている。天から花が降ってきた。菩薩方のところへ降ってきた花は、はらはらと地にこぼれおちた。ところが舎利弗《しゃりほつ》、目《もく》連《れん》などの十大弟子のところへ降ってきた花は、ペタペタと法衣について離れない。十大弟子たちがあわてて払おうとするほどに離れない。そこへ天女があらわれて

〝花を汚れたものとして払おうとする〟心のとらわれを指摘するという次第であったと記憶している。戒律にしばられ、戒律を守ることに必死で、生き生きとした活動ができなくなっていることへの反省として勃興した大乗仏教運動を代表する『維摩経』が語ろうとする象徴的な一場面といえよう。

「失敗が人間を駄目にするのではなく、失敗にこだわる心が人間を駄目にする」と古来語られてきたが、たとえ善《よ》いことであってもこだわったら、執したら道からはずれる。心せねばと思うことである。

小さなこだわりが本質を見る目を曇らせる。

# まがりつつ、まっすぐ

一という　はじめの数に　ふみ出《い》だす
日なり今日なり　正しくあらん

九條武子

昨日と変わらない今日なのだけれど、元旦というだけで何となく太陽の光も空気もすべて新しく感ぜられ、心もひきしまり、よし！　やるぞ、という気持ちになるから不思議である。九條武子もそんな思いの中で、この歌を詠じたのであろう。

古人も「初心忘るべからず」と説き、更《さら》に道元禅師は〝発心《ほっしん》を百千万発せよ〟と示された。かつてこんな話を聞いた。相田みつをさんが生涯の師とあおいだ武井哲応《てつおう》老師のお話の一節である。

高校時代の同級会の席上でのこと。同級生の一人が文化勲章をもらった。高校時代にはあまり成績がよくなかった人。同級生が口をそろえて云《い》った。「お前なんか高校時代はいつもかすんでおって、お前が文化勲章を貰《もら》うんじゃ、われわれのクラスには、ノーベル賞を貰う奴《やつ》が何人もいなければならない」と。その友は答えた。「人生というものは一段式ロケットじゃだめだ。どんな威力のあるロケットでも一ぺんきりじゃだめだ。一ぺん噴射して、そこでまた噴射し、もう一ぺん噴射して方向転換する。それでもダメならまた噴射するというように、無限に軌道修正をしながら進んでゆかなければならない」と。まさに〝発心百千万発〟である。

よし、やるぞ、と志をおこしても、人生の旅路は平坦《へいたん》ではない。雨の日も嵐の日もある。病にたおれる日もある。

半世紀も前になろうか。その頃、大本山総持寺の禅師職におられた渡辺玄宗《げんしゅう》禅師が、90歳を過ぎてからのお話。20歳で得度した若き弟子を呼び、お質《たず》ねになった。「九十九まがりの山坂道を、まっすぐ行くにはどうしたらいいんじゃ」と。弟子が「わかりません」というと「まがりつつ、まっすぐゆくんじゃ」と諭されたという。

われわれは「まっすぐ」というと、山でも川でも赤信号でも、しゃにむに突っ走らねばならないかと思ってしまう。それでは怪我《けが》をするか交通事故を起こしてしまう。

人生という旅路には山崩れや洪水で足どめをくう日もあり、大まわりをせねばならない日もあろう。例えば水は、止めるほどに力を増し、大まわりするほどに豊かになりつつ、前進することを忘れないように、いかなることが待っていようと柔軟に対応しながら前進することを忘れずに歩みつづけたいと思うことである。

軌道修正や大まわりが必要な時がある。

# 一の字が教えてくれること

「正」という文字は「一」と「止」の合字で、「一以《も》って止まる」の意であるという。

易経では「一は天を指し、二は地を指す」と語り、老子は「一は道であり、真であり善である」と語っているという。

〝よし！　やるぞ！〟という心の立ちあがりがなければ何もできない。例えばいくら電気の装置が立派にできていても、スイッチが入らねば使いものにならないように。

しかし次に大切なことは、どっちに向かって心を立ちあげているか、である。

あるとき死刑囚から「この体、鬼と仏とあい住める」という句が送られてきたが、何でも出す材料のすべてをととのえているお互い。仏の方向へと心を立ちあげるか、〝あの人憎らしい！　殺してやる！〟という方向へ心を立ちあげるか、で人生は大きく変わる。

古人も「発心《ほっしん》正しからざれば万行むなしくほどこす」と示しておられる。たった一度のやりなおしのできない生命。自分の生命を本当に愛《いと》しいと思ったら、神仏がよしとおっしゃっていただけるような方向へ、自分で自分をほめてやれるような方向へと方向づけをする。それが「正」という文字が語りかける心であろう。

さらには「純一無雑《じゅんいつむぞう》」とか「一筋」と熟語して、混じり気《け》なしの姿をあらわす。

道は一本
単純で
まっ直《す》ぐがいい
何かを欲しがると

欲しがったところが
曲がる
道は一本
まっすぐがいい

これは相田みつをさんの詩である。「何かを欲しがると欲しがったところが曲がる」、いみじくも云《い》い得たりと思う一句である。

ある時、出家希望の人が来た。「私に出来るでしょうか」と質《たず》ねてきた。私は云った。「できないなら、やらないというの？　できるかできないかは問わない。つまり結果は問わず、ただひたむきにやらせていただきましょう。お仲間に加えていただければ結構、という姿勢でなければ駄目よ」と。

又《また》の日、ある人が一つの仕事を計画する。一人の人が云った。「それじゃもうからないいじゃないか」と。別の人が云った。「他人はどう見るか」と。もうかろうがもうかるまいが、他人がほめようがけなそうが、やるべきことはやる。そのことを目的として一筋にやる。そのことを何かを手に入れる手段にはおとさない。それが純一無雑という姿勢であり、同時に神仏が「よし」といわれる生き方でもあろう。

心を立ちあげ、どちらへ向けるかが大切。

# 同じことをするのでも

渡辺和子先生からの学びの幾つかを、報恩の思いをこめて紹介しよう。

アメリカで修練女としての訓練を受けておられたときのこと。そのときの配役は配膳係であったよし。「こんなつまらない仕事」と思いつつ皿を並べていた。後方から修練長の声がかかった。「シスター、どういう気持ちで皿を並べていますか?」と。「いえ別に」とは答えたが、体がしゃべっていたのである。「つまらないつまらない」と。修練長は云《い》った。「シスターは時間を無駄に過ごしておりますす。同じ皿を並べるなら、やがてそこにお座りになる一人一人の幸せを祈りながら並べたらどうですか」と。

この話を紹介されたあと、和子先生は次のように語られた。「つまらない、つまらないと思って並べても皿は並ぶ。ロボットが並べても皿は並ぶ。お幸せに、と祈りつつ並べても皿は並ぶ。つまらないと思って皿を並べたら、かけがえのない生命《いのち》をつまらなく使ったことになり、ロボットのような並べ方をしたら、かけがえのない生命をむなしく過ごしたことになり、お幸せにと祈りながら並べたら、かけがえのない生命を愛と祈りに使ったことになる。その祈りがやがてそこへ座る方にとどくかとどかないかはどうでもよろしい。時間の使い方は生命の使い方です。世に雑用はありません。用を雑にしたとき、雑用が生まれるのです」

和子先生のこの言葉を聞いた瞬間、私は道元禅師の『典座《てんぞ》教訓』の冒頭に出てくるお言葉を思い出した。『典座教訓』というのは、お料理をする者の心得である。食事をつくるという配役を頂き、その食事づくりを、最高の修行として、坐禅をするのと全く同じ心構えでそれに立ち向かうとき、それは仏事となる。反対に配役だから仕方なく勤めるか、あるいは給料をもらうためにやっている、となると俗事におとしたことになる、と示しておられる。

又《また》ある時、こんなことを語られた。「不機嫌な顔をして歩いているだけで環境破壊もはなはだしい。ダイオキシンを撒《ま》き散らして歩いているようなものだ」と。
私はこの言葉を聞いて相田みつをさんの詩を思った。

あなたがそこに
ただいるだけで
その場の空気が
あかるくなる

あなたがそこに
ただいるだけで
みんなのこころが
やすらぐ

そんな
あなたにわたしも
なりたい

和子先生はいつも静かな深いほほえみをたやさない方であった。

仏事にするのも俗事にするのも自分である。

# ものから本当に自由になる

渡辺和子先生は「新しい人に生まれ変わりたい」の願いのもと、29歳のときカトリックの三誓願「清貧・貞潔・従順」に基づく生き方を求め、ノートルダム修道会に入った。ある日のお話の中でこの三誓願に次のような解説をつけ加えられ、私はハッとして心に深く刻ませていただいた。

清貧―ものからの自由　貞潔―家族からの自由　従順―自我からの自由

キリスト教のシスター達《たち》は、終生誓願のとき、キリストの花嫁になるというのでエンゲージ・リングを頂く。そんな角度から私は今まで、三誓願のうち特に貞潔・従順の意味を受けとめていた。

和子先生のこの解説を聞くことにより、私の受けとめ方の違いに気づくと同時に、和子先生の受けとめ方にきわめて東洋的というか仏教的なものを感じ、同時に現在の日本の仏教を背負う僧侶への大きな警鐘と頂いたことを忘れない。

まずは「清貧」を「ものからの自由」と訳された心に参じよう。仏教の先達の言葉に「宗教とはもの持たぬ心なり」というのがあり、又《また》「捨ててこそ」の一語がある。釈尊もすべてを捨てて求道《ぐどう》生活に入られた。

マザー・テレサの救済活動に参加したおりのこと。例えば「死を待つ人の家」で一日中、汗だらけ、血だらけ、膿《うみ》だらけになって働く。夜、修道会へ帰ると、朝洗濯して干していったのと着替えて洗う。つまり着替えは一枚しか支給されていないのである。それもインドでは一番下層階級の人の着る白い木綿のサリーを。ハンカチ一枚も、会より支給されたものの他は持ってはならず、破れたらつくろって使う。

ある日、一人のシスターに「近いうちに再度お訪ねしたいと思っております。又おめにかかることをたのしみにしております」と挨拶《あいさつ》したらシスター云《いわ》く。

「私たちは、いつ、どこへ行けと命令が出るかわかりません。今日命令が出て明日出発というように。風呂敷包み二つほどが全財産ですから、いつでも出発できます」という答えを聞いて、私は自らを恥じた。私は1カ月かかっても整理はできないであろうと、持ち過ぎている自分を恥じたことであった。

「今のお坊さん、何も捨ててていやしないじゃないか！　俺たちよりよっぽどぜいたくをしている！」と叫んだ某氏の言葉を忘れない。

「もの持たぬ心」を更に深めたとき、「執着しない」というところにゆきつくであろう。「捨てた」「持っていない」ことに執着しているうちは捨て切っていない証拠なのだから。

ものを持たなくなった末、執着を捨てることにたどり着く。

# 本当の大人とは

カトリックの三誓願の二つ目であるところの「貞潔」は、キリストの花嫁となるという表現から、人間世界でいう貞潔に通う意味あいを持っているものであろう。それを「家族からの自由」と訳された和子先生の読みの深さを思うことである。

釈尊も、妻子眷属《けんぞく》すべてを捨て、一介の乞食《こつじき》僧となっての御生涯であった。

一人息子が発心・修行の旅に発《た》った。老いた母は、自分の存在が息子の修行のさまたげになってはならないと、息子を送り出すと同時に入水《じゅすい》して果てた。息子はやがて一宗を背負う名僧となった。一人の法を背負う人物をつくり出す背景には、母子ともにかほどの決意がなければならないことを思うことである。

捨て身の発心と長い修行の果てに、許されて師から弟子へ法が相続されて、はじめて法はゆるぎないものとなろう。明治政府が、神道を国教にするために排仏毀釈《きしやく》を行い、僧侶に帰俗・妻帯を命じた。以後100年余り。僧侶も家族をもつのが当たり前となり、寺は師弟相続から親子相続へと変わり、そのことに何の疑問も持たない今日の日本の仏教界となってしまった。

古来「親の云《い》う通りにはならないが、親のする通りになる」と云われてきた。師であり親でもある父母が本気で仏法に生きる喜びと誓願のもとに寺を守り、檀信徒に接していれば、息子もまちがいなく立派な法の相続者として育ってくれる。しかし寺に生まれたから仕方なしに寺を相続しているということになったら、仏法はどうなっていくであろう。

三つ目の「従順」は神への従順の意味であろうが、それを「自我からの自由」と訳された和子先生の言葉を聞いたとき、私は思わず拍手をおくりたい思いであった。

内山興正《こうしょう》老師は、沢木興道《こうどう》老師を師として出家される前は、キリスト教の神学校の教師をしておられた。そういう経歴があっての故か、カトリックの神父方が多く参禅に来ておられた。その神父方に老師はある日こんな話をされた。

「坐禅とは自我の私を十字架にかけて死にきらせ、神の生命として復活して生きることだ」と。仏教的な表現に換言するならば、わがまま気ままな自我を死にきらせ、もう一人の私、天地いっぱいとぶっ続きの仏の御生命としての自己の私で生きる、と云いかえることができよう。自我と自己との対話ともいえ、大人と子どもの違いは、自我を自己がどこまで調御できるかにかかっているといえよう。

自己が自我を調御する。

## 「やれるだけやる」が生む明日への力

15歳で出家得度して幸いに、その始めに天下の禅の巨匠、沢木興道《こうどう》老師に出会うことができ、常に眼間《まなかい》に見すえて生きること17年。32歳の暮れ、沢木老師は遷化された。

自分で自分の姿は見えない。厳しい眼で私の足もとを見つめ、おさとしくださる師として次に出逢《あ》わせていただくことができたのが、沢木老師の高弟の内山興《こう》正《しょう》老師であった。老師は生涯、宗門のアウト・サイダーを生きた方で、宗門内のことはあまりご存じない。ある時、老師をお訪ねし、つい「今の宗門はこんなふうで、あちこちの僧堂の摂心はこんなあり方で」とおしゃべりする私に、老師はポツリとおっしゃった。「青山さんね。事実を見て云々《うんぬん》いっても、くたぶれるだけで、そこからはなんにも生まれてきやしない。その暇があったら、今私がここで坐禅をする。今私がここで真実を行ずること。そこからのみ明日への新しい力が生まれ、新しい芽が育つんですよ。仏教は主義や思想ではない。ただ『おれが今やれるだけやる』、これだけですよ」

私は頭から鉄槌《てっつい》を下された思いで、頭を垂れてこの一言をちょうだいした。

30代の終わり頃病気をし、入院手術を受けたことがある。そのとき老師から見舞いをかねてのお手紙がとどいた。お手紙の中には〝仕事を減らし、あなたでなければできない仕事にのみ打ちこんでほしい。達磨《だるま》大師ははるばると海を渡って中国へやって来られたのも、ひとえに誓願のためであった。あなたの人生も誓願にのみ生きてほしい。病気をきっかけに、くれぐれも仕事を減らすように〟と繰り返し書かれてあった。又《また》の日、「誓願が入っていれば何をしても仏事仏行となる(例えば幼児教育をしようが、便所掃除をしようが)。誓願が入っていなければ袈裟《けさ》をかけてお経を読んでいても俗事におとしていることになる」と。これらの言葉を頂いて何十年の歳月が過ぎたことであろう。85歳の春を迎え、当時より更《さら》に多忙になっている自分を省みつつ、老師の言葉をかみしめている。

誓願に　のみ生きませの　師の言葉
地なりのごとく　ひびきて止《や》まず

念のため誓願について一言。人間の欲がイコール悪ではない。欲は天地から授かった大切な生命のエネルギーだから。それを小さな自我の欲望の満足の方にのみ向けたとき煩悩となり、向上へ、利他行へと方向づけができたとき誓願となる。

周囲に惑わされない、自らの行いが鍵となる。

# ありがたいことだけが布施ではない

　20年余りもさかのぼっての話であるが、瀬戸内寂聴さんと対談したことがある。そのとき、瀬戸内さんが親しくしておられた宇野千代さんのことを、ころころ笑いこけながら話してくださったことが妙に心に残っている。「宇野さんが云《い》うんですよ。『湯あがりの自分の裸身を姿見にうつして、ほれぼれと見る』って。私思うんですよ。湯気のために曇った鏡にボウッとうつった自分の姿を、九十過ぎの老眼で見たら、そりゃほれぼれするほどに美しかろうと」

　今私は85歳、宇野さんの年に近づいて思う。眼がよく見えるというのも眼の布施ならば、見にくくなったのも布施なんだと。講演にいっても、曽《か》つては後方の聴衆の顔もよく見えたが、今は前の2、3列位《くらい》の人々の顔、それも少しぼけて見える。したがって皺《しわ》は見えない。そこで云う。「老眼もいいものですよ。皆さんみんな若く美しく見える」と。

茶道の弟子のFさんは糖尿病もあって、ほとんど眼が見えない。ある日、私はFさんに次のような話をした。ラフカディオ・ハーン（小泉八雲）は眼が不自由であった。そのため音の世界が実に生き生きと描写されている。眼の世界は、壁の向こうや扉の外は見えないし、遠い世界も見ることができない、というように狭く小さい。それに比べて耳の世界は壁や扉を越え、遠くはなれた所からの音も聞きとることができる。又《また》眼の世界は、見えることに心うばわれて、耳は聞いていても聞こえていないことが多いが、耳だけの世界はむしろ眼に邪魔されず全身心を傾け、澄まして聞くから、恐ろしいほどに深い世界を聞きとる。「見えないからこそ聞こえてくる耳の世界の深さ、広さに心を向けてみてください」と。見えるも布施、見えないも布施と頂戴できたら何と豊かな世界が開けることだろう。

ここ数年、加齢からくる当然の症状の一つであろうが、膝が痛く、立ち座りも階段の昇り降りも大変。夜も痛みで眼が醒《さ》める。そのことを通して、足や膝が大変な配役を八十余年の長きにわたって勤めてくれていたことに気づき〝ありがとう〟〝ごくろうさん〟と礼を云う。熟睡できることのすばらしさにも気づかせてもらうことができた。すべて当たり前と頂くところからは愚痴しかこぼれず、気づかないまま愚痴の生涯を送るところであった。当たり前でなくなったことを通して、当たり前のすばらしさに気づかせてもらうことができ、〝ありがとう〟と膝や足に合掌の朝夕である。

無いことの豊かさを今一度噛みしめてみよう。

# 除夜の鐘の心

「この世の中には4種類の人々がある。闇より闇に赴く人々。闇より光に赴く人たち、光より闇に赴く人たち、および光より光に赴くものがそれである」

これは釈尊が、祇園精舎を訪れたコーサラ国王に語られた言葉である。この言葉から二つのことを学んでおきたい。

一つは〝人生、変えてゆくことができる〟ということ。生まれとか育った環境とかいう「授かり」としかいえないことに対しても、動かしがたいもの、固定的なものとして受けとめず、そこにあらゆる可能を認めてゆこうとする柔軟さである。

二つ目は、その変えてゆく主人公は私でしかない。親子、兄弟、夫婦、どこかに替わってもらえるような、援けてもらえるようなあまえがあるが、私の人生を開くも閉じるも私でしかない。絶対に替わってもらうわけにはいかない。その主人公私の「今日只今《ただいま》をどう生きるか」にかかっている。生きるということは、昨日でも明日でもない。今日只今が、いかに悲しくつらいことであろうと、逃げず、おちこまず、幕直《まくじき》に取り組んでゆくより他に道はない。

「傷に大小はあっても、傷は傷じゃ。借りものでない自分の傷を大事にすることじゃ」

これは米沢英雄先生の言葉である。闇を光へと転ずるにあたって大切なことは「よき師」「よき教え」に出会うということである。出会うためにはアンテナが立っていなければ出会えない。米沢先生が「傷」とおっしゃっている中身、つまり人生の旅の途中でふりかかってくる悲しみ、苦しみ、それがアンテナとなり、人や教えに出会うことができるというのである。悲しみ、苦しみという人生の闇に導かれて、よき師、よき教えに出会い、闇を光へと転ずることができる、というのである。悲しみは、闇は、〝アンテナを立てよ〟という、仏さまからの慈悲の贈り物だというのである。

大晦日《みそか》には百八の除夜の鐘をつく。百八というのは仏教で分類した人間の煩悩の数であり、迷いの数、煩悩の数だけ教えが説かれたので、百八の法門ともいう。除夜とは夜を除くと書く。夜とは天地宇宙の道理、その中で生かされている人の生命の姿に暗いために、自ら招いた苦しみの闇である。それを除くのではなく、その痛み、悲しみ、闇に導かれてよき師、よき教えに出会い〝光明と転じて元旦を迎えよ〟というのが除夜の鐘の心であることを心に銘記したい。

悲しみ、苦しみが光へ導くアンテナになる。

# 闇より光に赴く人

ある日、暗い顔をした婦人が人生相談に来られた。５歳のときのわずかなマイナスを50年の間、ひきずりつづけたという話。私は思わず「もったいない人生のすごし方をしてしまったネ」と云《い》ったことであった。古人の言葉に「失敗が人間を駄目にするのではなく、失敗にこだわる心が人間を駄目にする」というのがあるが、それを地でいったような話である。

又《また》ある日、うれしい便りが届いた。癌《がん》の再発で入退院を繰り返しているHさんからの便りである。「お蔭《かげ》さまで散歩ができるまでに回復致しました。呼吸困難になったときは、苦しくて痛くて、呼吸することが精いっぱい。声を出すこともできませんでした。両膝と両手で体を支え、吐いて吸って吐いて吸って…。呼吸を繰り返すことのほかは何もできませんでした。そのことを通して大きなことに気づかせていただきました。24時間、私の心臓を働かせつづけ、眠っている間も血液や酸素を運びつづけ、働きっぱなしのお方がいてくださったということに。50歳を迎える今日まで、一夜も休まずに呼吸をしつづけてくださっていた。そのことに気づかせるために、そのお方に出会わせるために、この度の病気を授けてくださったのだと、今は感謝の毎日です」

私はうれしくなって「ようこそ気づいてくれました。南無病気大菩薩《ぼさつ》ですね」と返事を書き送ったことである。同じ病気をしても、病気を「南無」と拝めたとき、そこに展開する世界はまったく違ったものとなり、おのずから病気も快方にむかい「近いうちに先生に会いに参ります」との手紙を頂くまでになった。釈尊のおっしゃる「闇より光に赴く人」のよき例といえよう。人生の旅路には山あり、谷あり、いろいろある。下り坂では下り坂でしか見ることのできない風景をたのしみ味わい、どん底に落ちたらどん底でしか気づけないことに気づかせていただくことができたと喜んでいきたい。

道元禅師は「四運を一景に競う」と示された。季節にたとえたら春夏秋冬。人生にたとえたら生老病死。人の一生も夢みるような春の芽吹きの時もある。炎天下で汗を流しながら働かねばならない時もある。凋落《ちょうらく》の秋を思わせる時もあろう。寒風吹きすさぶ雪の荒野にたたずむ日もあろう。いかなる状態になろうと、追わず逃げずぐずらず、同じ姿勢で受けとめ、更《さら》に一歩進めて、人生を豊かに彩る景色とたのしんでゆけというのである。

## 下り坂には下り坂の風景がある。

# どれだけ生きたかよりも

つかの間の　きらめきながら　とこしえの
ひかり宿して　水の流るる
俊董　詠

一瞬にして流れ去ってゆく波が、そのつかの間の命に、太陽の光を、月の光をきらりと宿して、次の瞬間、流れ去ってゆく。ちょうどそのように、私の命もつかの間の命に変わりはない。そのわずかな命を、少しでも光に導かれ、真実の生き方がしたい、そんな思いを詠じたものである。

「いたづらに百歳生けらんは、恨むべき日月なり、かなしむべき形骸なり。たとい百歳の日月は声色《しょうしき》の奴婢《ぬび》と馳走《ちそう》すとも、その中一日の行持《ぎょうじ》を行取《ぎょうしゅ》せば一生の百歳を行取するのみにあらず、百歳の佗生《たしょう》をも度取《どしゅ》すべきなり」の道元禅師のお言葉に耳を傾けたい。

「声色の奴婢と馳走す」というのは、眼耳鼻舌身意《げんにびぜつしんい》の人間の主体の六根が、それに対する色声香味触法《しきしょうこうみそくほう》の六境を追いかけまわす。見たい、聞きたい、食べたい、欲しい、惜しい等の諸欲が主人公の座に坐《すわ》り、その欲を満足させるために、この私が欲望の奴隷となって走りまわり、一生を空《むな》しく費やしてしまうことである。

そういう歳月を百年生きるよりも、私が主人公となって、欲をあるべき方向へ、例えば限りなく道を求めてゆくという向上の方向へ、あるいは少しでも世の中のお役に立つ方向へ、つまり利他行《りたぎょう》へと手綱さばきをし、たった一日でもよい、仏さまが「よし」とおっしゃる生き方をすることのほうが、どれだけ尊いかしれない、というのである。

たとえ万劫千生《ばんごうせんしょう》の生死を繰り返そうと、凡夫の思いを先としての流転の人生ならば、永劫《えいごう》に解脱の見込みは立たない。その中、たとえ一日でもまことの師に、教えに出会うことで真実の生命に目覚め、方向転換することができたら、生々世々の真の幸せである。それを「百歳の佗生をも度取すべきなり」とおおせられたのである。

どれだけ生きたか、ではなく、どう生きたか、つまり長さじゃない、中味なんだ、というのである。

どれだけを　生きたかよりも　どう生きたかを
みづからに問えと　師はのたまいし
俊董　詠

欲望の奴隷にならず、私が主人公となる生き方をしたい。

# 風に吹かれる柳のように

　5月末の日曜日、恒例の野良着茶会を催した。新元号の旅立ちという点にしぼって、まずは花器に柳を大きく活《い》け、柳にまつわるお話をした。

　中国数千年の歴史の中で、旅立ちの餞《はなむけ》に柳を贈るという習慣があった。唐代の名僧である趙州《じょうしゅう》が、別れの挨拶《あいさつ》に「摘楊《てきよう》花《か》」という言葉を使っているのもそれであり、近くは長野・松代《まつしろ》の長国寺の堂長であられた松田亮孝《りょうこう》老師（昭和40年代）が、お別れにのぞんで「摘楊花」とおっしゃったことも、深く心に刻まれている。

文字が示すとおり旅立ちの餞に楊柳《ようりゅう》の枝を摘んで贈るというのである。

　その心は、例えば箸に使った柳さえも、土に挿せば、たとえ悪条件の土であろうとしっかり根を張り、成長も早い。そのように旅先でいかなることがあろうと、逃げず負けずしっかりそこに根を張り、早く成功してくれとの祈りが柳に托《たく》されているのだという。

「気にいらぬ風もあろうに柳かな」。これは江戸後期に出た博多の名僧、仙厓《せんがい》さんの句である。柳を贈るもう一つの心は、この仙厓さんの句が示すように、人生の旅の途上、気に入らない風が吹くこともあろう。「柳に雪折れなし」といわれるように、東西南北、どちらの風にも柔軟《にゅうなん》に、こだわりなくなびき、なびく姿が美しく、風が止《や》めばもとの姿にもどる。この柔軟さと強靭《きょうじん》さで、人生の旅路を踏破してほしいとの願いをこめて。

道元禅師の師の如浄《にょじょう》禅師の言葉に「東西南北の風を問わず」という一句がある。東の風にはなびいてやるが北の風にはなびかないということはない。われわれ人間はなかなかそうしなやかにいかない。あの人は好き、この人は嫌い。あの人の云《い》うことはきくが、この人の云うことはききたくない、とつっぱる。あるいはどの風にも負けるものかとつっぱって逆に根こそぎひっくりかえってしまうというような愚をする。

あたたかくやわらかい春風のときもあろうが、わずかに残る病葉《わくらば》さえも、情け容赦もなく吹き散らす寒風の日もあろう。いかなる風にも無心に従いながら風止めばもとの姿に立ち返るという「己《おのれ》」を失わない姿。まさに柔軟なればこそその、この強靭さである。

「柳の梢《こずえ》はもとへかえる物なれば、かえるという祝言にあやかるや。昔は切々参る人にたまきをおくり、又《また》柳を結んで与えしとや」。これは僧兼載《けんさい》（15世紀末）の言葉である。茶道の世界で正月の初釜にしだれ柳を大きく結んで生けるのも同じ心といえよう。


柳のような柔らかさと強さを持ちたい。

# 意志をも固める楊枝の話

2500年余りも昔の話。そのときお釈迦さまは竹林精舎におられた。ハシノク王はお釈迦さまや大勢のお弟子さん方にご供養を申し上げようと思い、まずは「清辰みずから仏に楊枝《ようじ》を授けたてまつる」、つまり早朝にお釈迦さまが洗面をされるのに、まず手づから楊枝をたてまつったというのである。

お釈迦さまは楊枝を受け取って噛み終わり、洗面をすまされ、その楊枝を地に投げられたら、忽《たちま》ち根を生じ、枝葉繁茂して雲の如《ごと》くであったと記されている。

先年インドを訪れたとき、早朝ガヤの駅に降りたら、ホームの水道のところに箸の大きさの楊枝が沢山《たくさん》おいてあり、人々がそこに群れて楊枝の端を噛み、洗面しているのをまのあたりに見て〝ああ今もインドの人々は楊枝を噛んでいるんだ〟と感動したことを忘れない。

修行道場では早朝顔を洗うとき、楊枝（歯ブラシ）を手にし、まず二つの偈《げ》を唱える。「手に楊枝を執《と》りては当《まさ》に願うべし。心に正法を得、自然に清浄ならんことを」「晨《あした》に楊枝を嚼《か》まんには当に願うべし。調伏の牙を得て諸《もろもろ》の煩悩を噬《か》まんことを」

つまり正しい教えを身につけることで、おのずから清浄になりたいという願いと、もろもろの煩悩を噛みくだかんことを、と二つの誓願を新たにするのである。これは『華厳経《けごんきょう》』浄行品にある偈で、道元禅師が『正法眼蔵《しょうぼうげんぞう》』洗面の巻に引用され、曹洞門の修行僧たちは毎朝洗顔のとき、これを唱えてから歯をみがき洗面をする。

楊枝を噛む方法について、道元禅師は詳しく説明される。箸ほどの太さと長さの楊枝の太い方を噛んで噛んで房のようにしてから歯の裏表や間などをていねいに洗えと。

箸の太さの楊枝を見ながらつくづく思う。これを噛みくだいて房のようにせよと。幼いときから毎朝これをやっていたら、さぞかし顎《あご》もしっかりし、固いものを噛むことにより脳も刺激して働きをよくし、又《また》意志も堅固になるであろうと。昔から「歯がため」といって幼児期に固いものをなるべく食べさせたのも同じ心であろう。

土佐地方の方言に「いごっそう」という言葉がある。顎が張っていて、ちょっとやそっとではガタガタしない気骨のある風貌や気質を表現したもののようである。

われわれは言葉でこそ「楊枝をかむ」と唱えるが、とてもじゃないが歯もたたず、やわらかい歯ブラシを使っている。それだけに意志も軟弱になっているのであろうと省みつつ。

名は体を表す。

# 3000年にわたる柳の恵み

観音さまには千手観音とか十一面観音とか沢山《たくさん》おられる中に、柳の枝を持つ楊《よう》柳《りゅう》観音がおられる。この観音は別名、薬王観音とも呼ばれ、病難を消除するのを誓願とする観音といわれている。観音さまの霊地の代表として有名な東京・浅草の浅草寺では、毎年6月18日に「請観音消伏毒害陀羅尼《しょうかんのんしょうぶくどくがいだらに》秘法」（観音を請して毒害を消伏する陀羅尼の秘法）により、人々の悪病消除の加持をつとめる。そのときの加持に楊枝《ようし》浄水（楊《やなぎ》の枝を水に浸したもの）を用いるという。

仏典にも「病を除くためには楊柳枝薬法を修めよ」とあり、古代インドの頃から楊柳には薬功が認められ珍重されてきたようである。楊枝を沾《うるお》した水が起死回生の甘露水として中国でも4世紀に興亡した五胡十六国の一つの後趙《こうちょう》の逸話が伝えられている。後趙を建国した石勒《せきろく》の子が病んだとき、仏圖澄《ぶっとちょう》が楊枝を取って水に沾して洒《そそ》いだらみごとに甦生《そせい》したというのである。

世界的文化財と折紙がつけられ、国宝にも指定されている『医心方《いしんほう》』を独力で全訳し、また菊池寛賞を受賞した槇佐知子さんから、興味ある話を聞いた。平安朝に丹波康頼《たんばのやすより》等の努力によって30巻にまとめられた日本最古の医学全書である『医心方』には、白楊樹皮、水楊樹皮、柳華などという薬名で柳が登場しているという。中国の随代の医学書の虫歯の治療法の中に白楊の葉の煎汁を口に含む処方が収められており、また唐代の文献では楊の樹皮を歯痛の治療薬として用いているよし。又《また》現代中国でも、清熱、解毒、消炎、駆虫の効能を認め、内服薬や外用薬として用いているという。

白楊だけでなく、しだれ柳にも止血したり疔瘡《ちょうそう》などのできものや黄胆、歯痛などを治す効能があり、この柳には淡白色の花が咲き、これを柳絮《りゅうじょ》といい、薬名を柳華というという。白楊に対して水楊はカワヤナギとも呼び、水辺に多いからこの名があるともいわれ、現代中国でも腫れものや乳痛に、生の根を搗《つ》いて塗布薬として使われているという。槇さんの話によると白楊はヤナギ科のポプラで、ギンドロとも呼ばれ、聖書にもよく登場するよし。又ギリシャ神話では毒蛇に咬《か》まれたハーキュレスが、この葉を解毒剤として使っているという。３０００年前の昔より、洋の東西を超えて楊柳の薬効に気づき、解毒剤として、あるいは歯をみがく楊枝として、又は楊枝浄水の加持として行われて今に到《いた》ったこと等々。はるかなる楊柳の旅に思いを馳《は》せることである。

生き物の恵みに人は生かされている。

# 病が見せてくれた景色

病院はいいところだ。人生の一生の姿が一瞬にして目前に、しかも動画として見ることができるから。朝、お手洗いに立つ。元気な看護師さんや食事の配送係が忙しく走りまわっている。点滴の支柱に支えられながらソロソロと歩いている人、車椅子で運んでもらっている人…。

一日が終わって夜の扉がおりる。病人にとって夜は辛《つら》い。向かい側の人は何かあったらしく数時間もゴソゴソやっている。隣の人はずっと高いびき。いびきにもいろいろリズムがあるものだな、と思いつつ聞いている。当の私も背中や膝やそこら中が痛くて、なかなか寝つかれない。

昔、90歳を過ぎた師匠が体のあちこちの痛みで眠れず、わずか5分がナガーク

感ずると云《い》った言葉や、

眠り得ぬものに　夜はながく

つかれたるものに　五里の路はながし。

とおっしゃった釈尊の言葉を思い起こす。

「一度寝たら死んだように眠ってしまう」といった雲水の言葉や、曽《か》つて私も〝寝床に入って眠れないなんてそんなぜいたくな。私など夜中、起きているうちから半分眠ってしまうくらいまで仕事しているんだから〟などとうそぶいていたが、これも健康な証拠。眠れないということを通して、眠ることができる、それも安らかな眠りをちょうだいすることができるということが、どんなにすばらしいことかに改めて気づかせていただく。

心筋梗塞を起こして救急車で運ばれ、治療が終わって集中治療室での2、3日

はとにかく苦しかった。吉野秀雄の最晩年の歌、

わが願い小さしとも　小さくなりたりな

ただらくらくと　呼吸させたまえ

が脳裏をかすめる。

道元禅師は「生死は仏家の調度」とおっしゃり、更に「四運を一景に競え」と示された。現代は老人は施設へ、病人は病院へ。目の前に見えるのは元気な姿のみ。一生を「生老病死」という言葉であらわすなら「生」の一面のみ。人生は「生老病死、愛憎、損得…」あらゆることから成り立っているのに。それを道元禅師は「生死」の2字で表現され、それが人生であり、又《また》仏の家の道具だてでもあるとおっしゃる。更に一歩進めて豊かな景色として楽しんでいけとおっしゃる。

そういう意味で病院は人生の縮図。全部を一瞬に展望させてもらえる。杖《つえ》にす

がって歩く自分の姿もその動画の中に点在させながら、病気のお蔭《かげ》で観《み》ることができ、味わうことができた山々のことどもを楽しんでいる。

## 一生は「生」のみにあらず。

# ゆく先々を地獄にするか極楽にするか

M寺を訪ねるべく果樹園の中の道を通過した。真赤に熟したリンゴが、手のとどくところまで垂れさがり、木々を美しく飾っている。「宝樹華果多し《ほうじゅけか》」の『法華経・如来寿量品《にょらいじゅりょうほん》』の一句が脳裏をよぎる。樹下で働いている方々の姿に「衆生《しゅじょう》の遊楽《ゆらく》する所」と続く一句が重なる。天国や極楽を描いた場所である。

M寺へ着いた。果樹栽培農家の方々が集まり、語ってくれた。この頃の盗っ人はトラックで来て、先日もある家では一晩のうちに収穫時のリンゴを大量に盗まれたと。別の方は又《また》違った話をしてくれた。〝われわれは皆同業者。隣の果樹園に沢山《たくさん》客が来ていると羨《うらや》ましかったり、ねたましかったり…〟と。

同じリンゴを、盗品と見る人、背比べして羨望《せんぼう》の眼で見る人、天国の景色と見る人。問題はリンゴにあるわけではない。

「仏法とは、此方《こちら》の目、耳、見方、頭をつくり変えるということじゃ」

これは沢木興道《こうどう》老師のお言葉である。

かつて金沢の近くの浄土真宗のお寺へお話に行った。寺の歴史が1000年というので、私は思わず質《たず》ねた。「もとは天台宗か真言宗だったのですか」と。浄土真宗の開祖の親鸞聖人は法然聖人のお弟子さん。禅などと共に鎌倉仏教で7、800年の歴史のはず。伝教大師や弘法大師を開祖とあおぐ天台宗、真言宗は平安朝の仏教で、1000年の歴史を数える。そこで「もとは天台か真言か」と質ねた訳である。御住職は答えられた。

「もと比叡山末の天台の名刹《めいさつ》でした。念仏弾圧で、親鸞聖人が越後に流される途中、この石川平野をお通りになるとき、手取川が氾濫して渡れず、この寺にしばらく滞在されました。その親鸞聖人のお人柄に惚《ほ》れこんで、浄土真宗に改宗したのです」と。私は深い感動と共に、往時に思いを馳《は》せた。行く方にとっては流罪地。あまり好ましい所ではないはず。迎える方にとっては流罪人。あまり歓迎したくない客のはず。これが凡俗のわれわれの考え。親鸞聖人のようなお方になると、そんなことはどうでもよいことなのである。その方のゆく処《ところ》、とどまる処がお浄土となる、そういうことではなかろうか。

釈尊のお言葉に、

村の中に、森の中に　はた海に、はた陸《おか》に　阿羅漢《こころあるもの》
住みとどまらんに　なべてみな　楽土なり。
法句経

というのがある。ゆく先々を地獄にするか、極楽にするか。問題は向こうにあるのではなく、此方に、私自身にあることを忘れまい。

**人は自分の見方を変えることができる。**

# さずかりの人生
## 欲の真ん中に自分を置かない生き方

2020年8月7日　初版第1刷発行

著　　者　　青山俊董

デザイン　　吉村朋子
D　T　P　　有限会社 中央制作社
カバー・本文イラスト　©Plawarn/shutterstock.com

発行者　　伊藤　滋
発行所　　株式会社自由国民社
〒171-0033 東京都豊島区高田3-10-11
電話　　03-6233-0781（営業部）
03-6233-0786（編集部）
https://www.jiyu.co.jp/

印刷所　　八光印刷株式会社
製本所　　新風製本株式会社



本書は、信州の地域紙『市民タイムス』の連載（2014年12月から2019年12月掲載分から抜粋）に一部加筆・修正し、再編集したものです。